Mares/Schubert

Segeln mit der Jolle

segeln mit der Jolle

Uwe Mares/Kurt Schubert

Verlag Delius, Klasing + Co
Bielefeld und Berlin

ISBN 3-7688-0151-0

Inhaltsverzeichnis

Vorwort

Immer wieder fällt uns auf, egal auf welchem Revier, wieviel auf Segelbooten falsch gemacht wird, — und zwar nicht nur unter den reinen Freizeitseglern, sondern auch auf der Regattabahn. Dabei haben wir durchaus manchmal das Gefühl, daß diese Segler ziemlich genau wissen, worauf es ankommt, — theoretisch! Aber der beste Theoretiker wird eben erst dann Erfolg haben, wenn er sein Wissen in die Praxis umzusetzen weiß. Und da dies gerade beim Segeln der springende Punkt ist, war es unser Bestreben, in diesem Buch die Praxis so anschaulich wie möglich zu vermitteln, — ohne aber den theoretischen Hintergrund zu vernachlässigen.

Voraussetzung für ein Buch dieser Konzeption ist natürlich eine klare und verständliche Ausdrucksweise und ein übersichtlicher Aufbau. Und diese Forderung führte uns schließlich zu einer Gliederung, die sonst nicht üblich ist. Trimm und Technik nämlich, zwei Hauptthemen, die sonst meist getrennt behandelt werden, wurden hier zu einem einzigen Zentralthema zusammengefaßt. Denn gerade in einem stark praxisbezogenen Buch lassen sich diese beiden Bereiche, die ja in einem ständigen Wechselspiel stehen, einfach nicht trennen.

Zugegeben, in unserem Fall war diese Konzeption relativ leicht zu verwirklichen, denn das Thema, dem sich dieses Buch widmet, ist klar umgrenzt. Es geht um die richtige Beherrschung moderner Leichtbaujollen, und zwar Familienjollen ebenso wie reine Regattajollen, wobei wir voraussetzen, daß der Leser bereits über Grundkenntnisse verfügt, die in etwa der Erwerb des A-Scheines voraussetzt. Es ist also kein Buch für Anfänger. Dem hier behandelten Thema, Trimm und Technik auf der Jolle, widmen wir uns dafür so eingehend und ausführlich wie möglich, und zwar basierend auf den neusten Erkenntnissen, — ohne dabei aber in pseudowissenschaftliche Spekulationen zu verfallen.

Daß dieses Buch dem Regattasegler mehr zu bieten hat wie dem reinen Fahrtensegler, liegt in der Natur der Sache, obwohl wir die eigentliche Regattasegelei nur in einer Einführung behandeln. Sollten sich trotzdem einige Eigner von Familienjollen etwas vernachlässigt fühlen, so mögen sie bitte bedenken, daß die Kunst, ein Boot schnell zu machen, in erster Linie eine Sache der Ausrüstung ist. An der Rumpfform läßt sich nun einmal nichts mehr ändern, und eine Familienjolle ist eben nach anderen Gesichtspunkten konstruiert als eine Rennjolle. Aus jeder Bootskonzeption läßt sich aber ein optimales Geschwindigkeitspotential herausholen, und je differenzierter und aufwendiger die Ausrüstung ist, umso mehr nähert man sich dieser Geschwindigkeitsgrenze. Die Grundprinzipien des Bootstrimms selbst und auch weitgehend die der Segeltechnik bleiben aber für alle Jollengattungen stets die gleichen. Daß Eigner von Rennjollen also mehr aus diesem Buch schöpfen können als reine Fahrtensegler, hängt ausschließlich damit zusammen, daß deren Boote eben besser ausgerüstet sind und ihnen somit mehr Möglichkeiten bieten.

Die Absicht dieses Buches besteht also darin, jedem Steuer- und Vorschotmann die hohe Schule des eigentlichen Jollensegelns so ausführlich wie möglich, gleichzeitig aber auch so unkompliziert wie möglich zu vermitteln, — und das ist wohl auch der gemeinsame Nenner, auf dem sich Fahrtensegler und Regattasegler wieder treffen. Denn die Jolle perfekt zu beherrschen und deren Geschwindigkeitspotential voll auszuschöpfen, ist letzten Endes wohl der Wunsch jedes ernsthaften Seglers, — egal wie gut sein Boot ausgerüstet ist.

Uwe Mares / Kurt Schubert

Welches Boot für wen?

Schätzungsweise ein Viertel bis ein Drittel aller Bootskäufer bereut früher oder später (meist jedoch früher) seine Wahl. Der Grund: Sehr viele Kaufabschlüsse erfolgen unter Zeit- oder Gelddruck, oft auch einer spontanen Laune zufolge, oder sonstwie unüberlegt. Häufig, und zwar insbesondere beim Kauf von Gebrauchtbooten, läßt man sich auch allzu bereitwillig auf Kompromisse ein. Das Ergebnis: Die gegebenen äußeren Umstände nach dem Bootskauf, deren Bedeutung einem oft erst nachher dämmert, und die (klar präzisierten) persönlichen Neigungen erfahren nicht die ihnen gebührende Beachtung. Andererseits ist das auch kein Wunder, denn die angebotene Typenvielfalt ist viel weniger über- und durchschaubar als beispielsweise auf dem Automobilmarkt und somit kaum dazu angetan, die Wahl zu erleichtern. Die Begeisterung am erworbenen Boot erlahmt indessen recht schnell, wenn man nach einiger Zeit feststellen muß, daß eine andere Jolle den nunmehr gereifteren und klareren Vorstellungen weit mehr entspricht. Denn gerade bei Erstkäufen sind mangels praktischer Erfahrung die Vorstellungen noch recht vage und präzisieren sich erst dann, wenn die Nachteile des erworbenen Bootes nach und nach ans Licht rücken. Daher geht es beim Bootskauf zunächst um gewissenhafte Prüfung einiger Punkte.

Die persönlichen Neigungen

Da sind zunächst die ganz subjektiven Ambitionen, also die Frage nach der Art der Segelausübung. Hat man Spaß an echtem, rasanten Hochleistungssegeln oder sucht man ganz einfach nur Ruhe und Entspannung auf dem Wasser. In der Regel wird sich ein junger Familienvater mit Frau und Kind kaum an einer sensiblen Rennjolle begeistern können und ein jugendlicher, energiegeladener Hitzkopf ebensowenig an einer behäbigen Familienjolle. Und wer zwar Familie hat, trotzdem aber gerne sportlich segeln will, muß sich noch längst nicht für eines dieser beiden Extreme entschließen. Es gibt durchaus sportliche Jollen, die auch die primäre Forderung eines Familienbootes, nämlich Sicherheit und Bequemlichkeit, in hohem Maße erfüllen.

Demnach kann man also den Jollensektor in drei Kategorien einteilen:
a) Reine, sportliche Rennjollen,
b) Sportliche, aber dennoch auch relativ sichere Wanderjollen,
c) Sichere und bequeme Familienjollen.

Stehen echte sportliche Ambitionen im Vordergrund, so liegt der Kauf einer rasanten Rennjolle nahe, was allerdings auch bis zu einem gewissen Grad von Alter und körperlicher Konstitution abhängig ist. Häufig übersehen wird in diesem Falle aber die Frage des Vorschotmannes, der auf einem solchen Boot natürlich etwas mehr zu sein hat als nur ein einfacher Mitsegler und deshalb auch entsprechend schwieriger aufzutreiben ist. Im Zweifelsfalle sollte daher auch eine Einmann-Jolle in Betracht gezogen werden, wie etwa das olympische Finn-Dinghy oder die ebenfalls international verbreitete OK-Jolle.
In dieser Gruppe gibt es natürlich auch die meisten Regattafans, und die sollten sich möglichst noch vor dem Bootskauf über eines im Klaren sein: Je verbreiteter und international anerkannter eine Klassenjolle ist, umso teurer ist sie in der Regel. Ein gutes Beispiel ist der olympische Flying

Dutchman, dessen Preis schon längst in keiner vernünftigen Relation mehr zu dem steht, was er bietet, — zumindest nicht, wenn er konkurrenzfähig sein soll. Dabei gibt es eine ganze Anzahl relativ preiswerter Rennjollen, die eine nicht minder große Regattaaktivität erlauben. Voraussetzung ist in jedem Falle, daß man sich über die verbreitetsten Klassen auf den jeweiligen Revieren erkundigt, auf denen man zu segeln beabsichtigt.

Wer indessen keine Regattaambitionen hat und sicher ist, auch später keine zu bekommen, braucht sich auch nicht für eine der eingeführten Klassenjollen zu entscheiden, obwohl sie häufig mit der Vorstellung verbunden werden, aufgrund ihrer größeren Verbreitung auch notwendigerweise besser zu sein. Das stimmt jedoch allenfalls, soweit es die Ausgereiftheit im Detail betrifft, denn solche Boote werden ja laufend verbessert. Ansonsten gibt es durchaus Jollen, die noch keine anerkannte Klasse sind und die dennoch gute Konstruktionen sind. Sie bieten in der Regel sogar den Vorteil eines günstigeren Preises. Nur tut man in diesem Falle gut daran, solche noch wenig verbreiteten Werftklassen besonders kritisch unter die Lupe zu nehmen.

Wer sportlich segeln will, aber nicht allzuviel von körperlicher Akrobatik hält, wird sich dagegen für eine der sportlichen Wanderjollen entscheiden. Das ist insbesondere dann ratsam, wenn des öfteren auch

Der Flying Dutchman, seit 1960 Olympiaklasse, gilt als die höchstgezüchtete und schnellste Rennjolle der Welt. Er wurde 1952 von dem Holländer van Essen konstruiert und ist 6,05 Meter lang und 1,80 Meter breit, — bei einer Segelfläche von 15 Quadratmetern und einem Gewicht von 160 Kilogramm. Die Spitzen-FD werden fast ausschließlich aus Sperrholz gebaut.

Weib und Kind mit von der Partie sind, was natürlich erhöhte Anforderungen an die Sicherheit stellt. Bei Jollen dieser Art, für die der Schwertzugvogel ein typisches Beispiel ist, stehen Sportlichkeit und Sicherheit gemeinsam im Vordergrund. Sie sind oft ideal für Binnenreviere, da sie auch bei leichtem Wetter gut laufen, trotzdem aber relativ sicher sind. Hauptmerkmale solcher Jollen sind: Eine stabile Schwimmlage durch breit auslaufendes Unterwasserschiff oder sogar Knickspantbauweise (Zugvogel), ein seitlich und vorne gut abgeschottetes Cockpit, und eine relativ große Segelfläche, um gute Geschwindigkeit zu laufen. Meist wird aber auf Trapez und Spinnaker verzichtet.

Und schließlich gibt es diejenigen Bootskäufer, denen es in erster Linie um Komfort und Sicherheit und erst in zweiter Linie um Geschwindigkeit geht. Solche, für diese Leute geeigneten echten Familienjollen sind häufig mit einer kleinen Spritzkappe oder auch bereits mit einer richtigen Kajüte und Ballastschwert ausgerüstet und keinesfalls so behäbig, wie man sich das oft vorstellt. Im Gegenteil: Die gelungendsten dieser Konstruktionen stehen den auf Sportlichkeit getrimmten Jollen oft nur wenig nach. In dieser Kategorie ist indessen nicht nur das Angebot am größten, sondern auch die Gefahr eines Fehlkaufs, denn unter der beinahe unübersehbaren Typenvielfalt bleibt die

Im Gegensatz dazu rangiert dieser Bootstyp, ein Jeton, noch auf der untersten Stufe der offiziellen Statusleiter. Diese Jolle gehört zu der vom Deutschen Segler-Verband (DSV) eingeführten, sogenannten Ein-Typ-Klasse, die der früheren Werftklasse entspricht. Ein Boot erhält in Deutschland diesen Status, wenn mindestens 100 Boote mit gültigem Messbrief im Verbandsregister des DSV eingetragen sind.

Angesichts des zunehmenden Mangels an Vorschotleuten werden Einmannjollen immer populärer. Rechts Boote der seit 1952 olympischen Finn-Dinghy-Klasse, links eine Moth, die neben der in Knickspant gebauten OK-Jolle die beliebteste nichtolympische Einmannjolle ist.

Qualität nicht selten auf der Strecke, — und bewährte Klassenjollen fehlen fast völlig. Hier ist eine fachmännische Untersusung von Verarbeitung und Ausrüstung fast unerläßlich.

Wer die nötigen Kenntnisse dafür nicht aufbringt, und das ist wohl bei den meisten Leuten der Fall, da eine exakte Bootsbeurteilung ziemlich schwierig ist, muß auf andere Mittel zurückgreifen. Er sollte sich die Urteile möglichst vieler objektiver Leute holen, die das Boot entweder selbst besitzen oder aber auf andere Weise irgendwelche Erfahrungen damit gemacht haben. Möglicherweise ist auch bereits ein YACHT-Test erschienen, der zweifellos das beste Mittel ist, um sich ein klares Bild zu verschaffen. Der Extrakt aus all diesen Informationen, in Verbindung mit einer den Kenntnissen entsprechenden Eigenuntersuchung, dürfte für eine weitgehend sichere Beurteilung wohl reichen. Denn die Prospekte wirken häufig nicht nur unglaub-

Bequemlichkeit steht bei den reinen Familienjollen wie dem Fam (Bild) im Vordergrund. Ebenso wichtig ist aber auch der Faktor „Sicherheit", also ausreichender fester Auftrieb und eine möglichst stabile Schwimmlage.

würdig, sondern sind es auch. Sie preisen natürlich ausschließlich die positiven Eigenschaften der Jolle an, und dabei nicht selten sogar jene, die das Boot aufgrund seiner Konzeption gar nicht haben kann. Schließlich ist noch von einer Jollenkategorie zu reden, die sich zwar meist in der Größe von den genannten sportlichen Bootstypen unterscheidet, nicht aber in der Konzeption: den Jugendjollen. Gänzlich anders gebaut ist da nur der Optimist, das Jüngstenboot. Er ist für Kinder bis etwa zehn Jahre der ideale Untersatz zum Erlernen der seglerischen Grundbegriffe. Konkurrenz hat er bislang keine, dafür ist er fast über die ganze Welt verbreitet. Wem der Optimist zu klein wird, weiß meist auch schon, was er will: Entweder den Young-

Familienjollen haben häufig nur eine kleine Spritzkappe (Bild ganz oben) oder auch bereits eine richtige Kajüte (Foto links). Da man auf solchen Booten meist ziemlich viel Gepäck mitführt, braucht man auch genügend Stauraum.

Der Zugvogel, in Knickspant-Bauweise hergestellt, ist eine in Deutschland und der Schweiz stark verbreitete, sportliche Wanderjolle, die es auch in Kiel-Ausführung gibt. Die Klasse ist äußerst regattafreudig.

ster, den Vaurien, oder die Flipper-Scow. Der Youngster bietet hier auf jeden Fall den Vorteil, bereits nach den Konstruktionsprinzipien moderner Rennjollen konzipiert zu sein. Lediglich das Trapez fehlt noch, der Spinnaker ist dagegen schon dabei.

Für Jugendliche ab 16 Jahre, die diesen Booten entwachsen sind, ist der weitere Weg auch schon vorgezeichnet: Für sie kommt, streben sie eine Regattakarriere an, eigentlich nur der 470er oder der Korsar in Frage, wobei der Korsar als Endstadium nicht nur in der Ausrüstung bereits die typischen Merkmale hochgezüchteter Rennjollen trägt, sondern auch im Preis, — was indessen nichts daran ändern konnte, daß er im deutschsprachigen Raum nach wie vor die verbreitetste Regattaklasse ist. Hier han-

deutschsprachigen Raum die genannten Boote am besten. Und nachdem sich fast jeder Jugendliche zumindest zeitweise fürs Regattasegeln begeistern kann, sollte man das beim Bootskauf auch berücksichtigen.

Die äußeren Umstände

Haben sich also die ganz persönlichen Neigungen soweit präzisiert, so gilt es nun, die gegebenen äußeren Umstände damit unter einen Hut zu bringen, also etwa Revierbedingungen, Slip- und Trailermöglichkeiten, Liegeplatz und Winterlager und nicht zuletzt die Kosten, die dadurch entstehen. Was das Revier betrifft, so braucht man beispielsweise auf kleinen Binnenseen mit überwiegend flauen Winden dem Faktor „Sicherheit" keine so hohe Bedeutung bei-

delt es sich also bereits um reinrassige Rennjollen, die in jeder Hinsicht in die genannte erste Gruppe fallen.

Die Gefahr, ein schlecht verbreitetes Boot zu erhalten, ist bei diesen Jollen so gut wie ausgeschlossen, denn sie werden von namhaften Werften in stets gleichbleibender Qualität geliefert. Natürlich gibt es noch andere gute Jugendjollen, etwa den 420er, aber für eine konsequente Rennseglerkarriere eignen sich im Augenblick im

Der Optimist ist das rund um die Welt am stärksten verbreitete Jüngstenboot. Für den Nachwuchs gibt es keine geeignetere Jolle zum Erlernen der seglerischen Grundbegriffe. Die kistenartige Rumpfform verleiht ihm außerdem

zumessen als auf rauhen Küstenrevieren. Eine wendige Wanderjolle, die für die Küste als kleines Familienboot viel zu unsicher ist, kann auf einem harmlosen Binnensee genau das Richtige sein. Erkundigungen über die Wind- und Wetterverhältnisse auf dem jeweiligen Revier sind also nie überflüssig. Wer sich einem Segelclub anschließen möchte, informiere sich erst darüber, welche Bootsklassen in diesem Club dominieren. Denn nicht selten ist die Aufnahme

eine relativ stabile Schwimmlage. Rechts davon eine Youngster-Jolle, die sich für die dem Optimisten entwachsenen Jugendlichen von etwa elf bis ungefähr 16 Jahre recht gut eignet.

Wer seinen Liegeplatz an Land hat, sollte keine zu schwere Jolle wählen, denn nicht immer stehen hilfreiche Hände oder eine vernünftige Slipanlage zur Verfügung. Einer der meist billigeren Bojenliegeplätze setzt indessen voraus, daß es sich um ein Kunststoffboot handelt, denn Schalen aus Sperrholz sollten nicht eine ganze Saison im Wasser liegen. Wer gezwungen ist, seine Jolle häufiger mit dem Auto zu transportieren, wird leicht der Verlockung erliegen, sich eine sogenannte Autodachjolle zuzulegen. Dabei sind viele Boote, die als solche bezeichnet werden, gar nicht mehr für den Autodachtransport geeignet, abgesehen davon, daß dessen Vorteile ohnehin Geschmackssache sind. Die Gewichtsgrenze eines solchen Rumpfes liegt nämlich bereits bei 60 bis 70 Kilogramm. Eine

davon abhängig, ob der Antragsteller ein der dortigen Klassenpolitik entsprechendes Boot mitbringt. Das dürften dann ohnehin meist die auf diesem Revier verbreitetsten Regattaklassen sein.

Der Korsar (oben) zählt im deutschsprachigen Raum zu den stärksten Regattaklassen überhaupt. Er ist bereits mit allen Konstruktions- und Ausrüstungsmerkmalen einer modernen Hochleistungsjolle ausgestattet.

echte Familienjolle, die noch auf dem Autodach transportiert werden kann, gibt es also ebensowenig wie eine Rennjolle, auch wenn das in den Prospekten noch so unermüdlich ignoriert wird.

Der 470er (unten) steht ihm da aber nicht nach. Er ist jedoch — ebenso wie seine französischen Kollegen 420er und 505er — international bereits stärker verbreitet.

Der Jollenrumpf
mit Beschlagausrüstung

Das Baumaterial

Jollenrümpfe werden heute fast ausschließlich aus Kunststoff, also GFK oder ABS, und Sperrholz gefertigt. Während GFK nichts weiter ist als die Abkürzung für glasfaserverstärkten Kunststoff, handelt es sich bei ABS um eine rein chemische Bezeichnung, nämlich Acrylnitrylbutadienstyrol. Rümpfe aus Vollholz kann man getrost als nicht mehr zeitgemäß betrachten, was aber keineswegs heißt, daß es nicht noch genügend Liebhaber gibt, die dessen Nachteile gerne in Kauf nehmen. Selbst die Ära der formverleimten Sperrholzschalen ist im Abklingen, obgleich die beiden olympischen Jollenklassen, nämlich der FD und das Finn-Dinghy, noch überwiegend in Sperrholz gebaut werden. Das geschieht aber ausschließlich aus Gründen der Bautoleranz, denn diese beiden Boote wurden von ihren Konstrukteuren für die Sperrholzbauweise entwickelt und eignen sich daher — besonders der FD — nicht sehr gut zum Kunststoffbau.

Ansonsten sind die Vorteile des Kunststoffs jedoch heute unbestritten, — auch aus wirtschaftlichen Gründen. Das bedeutet: Kunststoffboote sind nicht nur pflegeleichter und haltbarer, sondern auch billiger. Die gebräuchlichste Fertigungsweise ist die aus GFK, wobei Glasmatten und Glasgewebe mit Polyester im Handauflageverfahren verarbeitet werden. Daneben wurde vor wenigen Jahren ein Material entwickelt, das mit ABS bezeichnet wird und einen thermoplastischen Werkstoff darstellt. ABS-Boote werden aus industriell gefertigten Platten geformt und haben gegenüber GFK-Jollen den Vorteil einer durch das Verfahren sichergestellten, stets gleichbleibenden Qualität.

Wer ausgeprägte Regattaambitionen hat und sich demnach auch beim Bootskauf für eine der verbreiteten Klassenjollen entscheiden wird, sollte schon bei der Bestellung mit der Werft vereinbaren, daß man ihm das Boot mit dem in den Klassenbestimmungen vorgeschriebenen Mindestgewicht baut, — und zwar einschließlich aller fest montierten Beschläge. Denn insbesondere eine Sperrholzjolle wird im Laufe der Zeit immer schwerer, aber niemals leichter. Und jedes Kilo zuviel ist totes Gewicht, das sich — da nicht beweglich — auch als Trimmgewicht nicht einsetzen läßt.

Die Verarbeitung von Rumpf und Cockpit

Ob die Verarbeitung einer Jolle gut oder schlecht ist, läßt sich zumindest bei einem Kunststoffboot kaum feststellen. Dennoch gibt es gewisse Anhaltspunkte, deren Überprüfung hinreichende Schlüsse auf die Gesamtqualität zuläßt. Da ist zunächst die Rumpf- und Decksfestigkeit. Gerade Jollen mit einem breiten und flachen Unterwasserschiff haben dort auch häufig weiche Stellen, die dann im Seegang stark arbeiten. Das Ergebnis: Nicht nur die Geschwindigkeit verringert sich, sondern das Laminat ermüdet auch, wodurch wiederum an diesen Stellen Brüche entstehen können. Um das zu überprüfen, drückt man mit dem Handballen möglichst kräftig dorthin, wo der Rumpf von innen her am wenigsten versteift ist. Dabei muß das Boot etwas auf die Seite gelegt oder notfalls sogar auf die Kante gestellt werden. Zumindest am Unterwasserschiff und auf dem Doppelboden dürfen selbst die weichsten Stellen nur minimal nachgeben.

Ein weiterer heikler Punkt ist die Sicherheit, womit in erster Linie der Auftrieb gemeint ist. Das Vorschiff wird in der Regel zwar abgeschottet sein, doch sollte man auch überprüfen, ob das Luk vom Gummistropp fest an die Dichtung gepreßt wird. Als wirksamstes Dichtungsmaterial hat sich Moosgummi erwiesen. Da die meisten Kunststoffjollen mit Seitentanks ausgerüstet sind, die häufig in einen Doppel- oder Halbdoppelboden übergehen, also in Zweischalenbauweise hergestellt sind, gilt das gleiche auch für die Lukendeckel in diesem Bereich.

Diese Auftriebsräume können jedoch im Falle einer längeren Kenterung oder Leckschlagens vollaufen, weshalb jede Jolle mit einem Sicherheitsauftrieb ausgestattet sein

muß. Er besteht meist aus Styroporkörpern, die wiederum am günstigsten in den Seitentanks und im Vorschiff untergebracht werden, nicht aber im Doppelboden. Dann bewahrt das Boot nämlich im vollgelaufenen Zustand noch eine relativ stabile Schwimmlage und neigt nicht ständig zu erneutem Kentern, wie dies der Fall wäre, wenn der feste Auftrieb vorwiegend in der Mitte, also im Doppelboden, placiert ist. Der Mindestauftrieb muß bei offenen Jollen 120 bis 200 Liter, bei größeren und insbesondere als Familienjollen konzipierten Booten, entsprechend mehr betragen.

Jollen, die nicht in Zweischalenbauweise hergestellt sind, haben aber noch zwei kritische Punkte: nämlich die Verleimung von Schwertkasten und Seitentanks am Cock-

Hier haben wir ein typisches Rennjollen-Cockpit. Sowohl Rumpfform als auch die reichhaltige Beschlagausrüstung sind in erster Linie auf Geschwindigkeit ausgerichtet. Um dem Schwert- *kasten die nötige Festigkeit zu verleihen, wurde eine Querducht eingezogen, die auch als Sitzgelegenheit dient.*

pitboden. Nach einiger Beanspruchung können an diesen Klebestellen nämlich Risse entstehen. Gerade bei Regattabooten mit Mindestgewicht ist die Festigkeit des Schwertkastens auch oft ein heikler Punkt. Er muß völlig fest und unbeweglich sein und seine Seiten dürfen sich keinesfalls verziehen. Notfalls muß er durch Streben zu den Seitendecks und achtern zum Reitbalken so fest abgestützt werden, daß ein Verwinden ausgeschlossen ist, denn die Beanspruchung bei Seegang ist groß. Das Schwert sollte sich zwar leicht im Schlitz bewegen lassen, darf aber kein seitliches Spiel haben, — denn das reduziert wiederum die Geschwindigkeit.

Eine Jolle, die im Falle einer längeren Kenterung oder Leckschlagens nicht mit ausreichendem festen Auftrieb ausgestattet ist, sackt — so wie hier — bis unter die Wasseroberfläche ab, was nicht nur ein Weitersegeln völlig unmöglich macht, sondern auch das Bergen erheblich erschwert. Nicht selten kann so etwas zur echten Lebensgefahr werden.

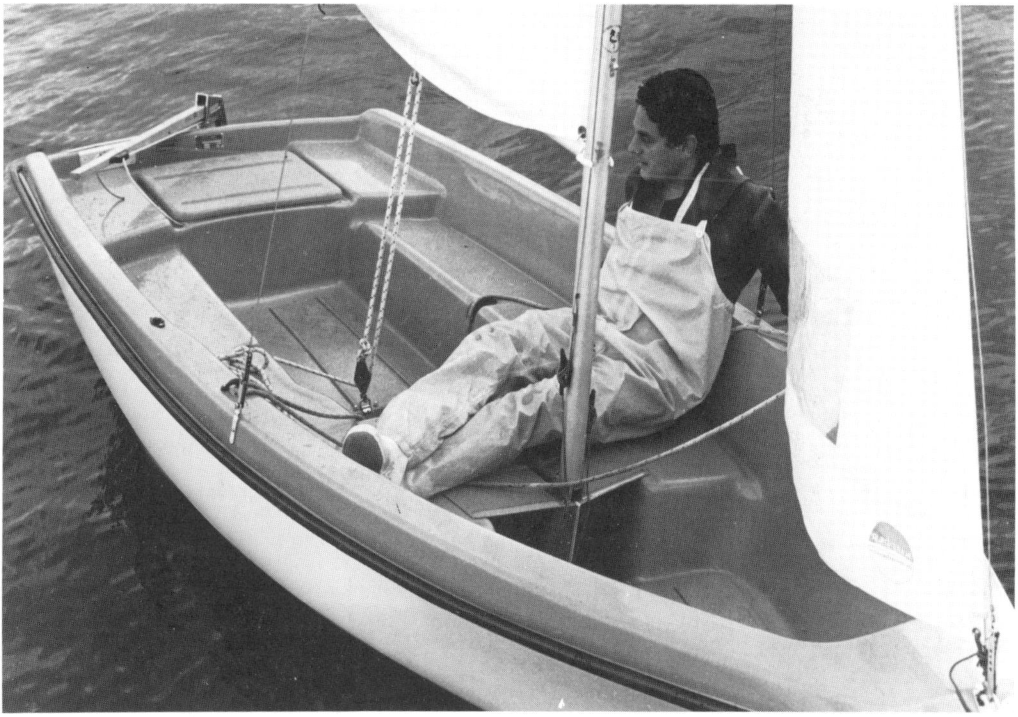

Dieses Bild zeigt dagegen eine einfach ausgerüstete, kleine Allroundjolle für eine ebenso kleine Familie. Das reichlich mit Duchten ausgestattete Cockpit dient in erster Linie der Bequemlichkeit und die breite, weit hochgezogene Rumpfform sorgt für eine stabile Schwimmlage, dient also der Sicherheit. Ins Heck wurde sogar ein abschließbarer Stauraum eingelassen.

21

Für das optimale Verhältnis von Länge, Breite und Dicke gibt es für Schwert und Ruder bereits präzise Werte. Das ist insofern interessant, als sowohl die beiden olympischen Jollenklassen und auch mehrere international verbreitete Bootstypen kein nach diesen Erkenntnissen profiliertes Schwert und Ruder fahren. Das unten abgebildete Ruder ist sowohl in der Seitenansicht als auch im Querschnitt gut profiliert.

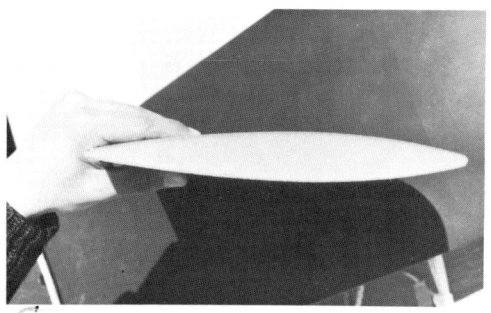

Das Cockpit mit Beschlagausrüstung

Wie viel sich ein Jollenkonstrukteur beim Entwurf seines Bootes gedacht hat, erweist sich auch recht schnell am Cockpit-Layout, also der Form von Deck und Innenschale sowie der Anordnung und Ausführung der Beschläge. Während eine Rennjolle natürlich eine wesentlich aufwendigere Beschlagausrüstung besitzt, stehen bei gut konzipierten Familienjollen all jene Faktoren im Vordergrund, die der Gemütlichkeit und Sicherheit dienen, — etwa bequeme, breite Duchten und ein hoher, massiver Süllrand, der ebenso als Rückenlehne wie als Windschutz dient. Das heißt natürlich nicht, daß die Segeleigenschaften vernachlässigt werden dürfen, aber einige Konzessionen zu ihren Ungunsten lassen sich kaum vermeiden.

Eine ganze Anzahl zu beachtender Details gilt indessen für alle Jollenarten. Da ist zunächst — um am Heck zu beginnen — die Ruderanlage. Auf- und Niederholer für das Ruderblatt müßten ebenso selbstverständlich sein wie eine Kentersicherung am Spiegel, da sich in so einem Falle sonst die ganze Anlage selbständig macht oder sogar absäuft. Ein Auslegerarm an der Pinne mit vernünftiger Arretierungmöglichkeit beim Einklappen darf — zumindest auf sportlicheren Jollen — ebensowenig fehlen wie ausreitfreundlich abgeschrägte oder abgerundete Seitentanks im Steuermannsbereich. Sie sind auf solchen Jollen genauso wichtig wie verstellbare und für Steuermann und Vorschotmann unterteilte Trimmgurte. Bändsel oder Gummistropps dienen dabei zum Hochhalten.

Achten Sie auch darauf, daß die Großschot

ausreichend übersetzt ist und gut belegt werden kann, denn sonst werden Sie bei viel Wind wenig Spaß haben. Einen rutschsicheren Cockpitboden und einen gut aufgerauhten Standbereich für den Trapezmann kann man mittlerweile ebenfalls als selbstverständlich betrachten. Und ein leicht bedienbarer und wirksamer Großbaum-Niederholer, eine gute Belegmöglichkeit für die Fockschot und ein möglichst verstellbarer Fock-Holepunkt sind auf Familienjollen fast ebenso unentbehrlich wie auf Rennjollen. Entdecken Sie dagegen schlecht befestigte Beschläge mit vielen scharfen Kanten, überstehende Schraubenenden und mangelhaft untergebolzte Wantpüttings, so haben Sie allen Grund zur Skepsis. Und Sie können ziemlich sicher sein, daß die übrigen Tests auch nicht gut ausfallen.

Gerade bei sportlicheren Jollen sind ausreitfreundliche, abgerundete Seitentanks äußerst wichtig. Um in möglichst kraftsparender Haltung lange und ausdauernd hängen zu können, muß das Boot aber auch mit genau einstellbaren Trimmgurten ausgerüstet sein. Eine gut übersetzte Großschot (so wie hier) trägt ebenfalls dazu bei, daß das Segeln bei starkem Wind keine Tortur, sondern ein echtes Vergnügen wird.

Rigg und Segel

Der Mast mit stehendem und laufendem Gut

Baustoffe und Profilformen

Stellt man sich den Bootsrumpf als Karosserie vor, so erfüllt das Rigg mit den Segeln die Funktion des Motors. Segel, und indirekt auch Mast und Großbaum sowie stehendes und laufendes Gut, sorgen für die Vortriebskraft. Während sich an der Form des Bootsrumpfes nichts ändern läßt, kann durch Trimmen des Riggs die Bootsgeschwindigkeit beeinflußt werden, und zwar sowohl positiv als auch negativ. Kein Wunder also, daß auf diesem Gebiet seit jeher intensiv experimentiert und entwickelt wird. Daß ein FD heute mindestens um die Hälfte schneller läuft als in seinen Anfangsjahren, ist fast ausschließlich auf neue Erkenntnisse hinsichtlich des Zusammenwirkens von Mast und Segel zurückzuführen.

Holzmasten gehören heute endgültig der Vergangenheit an. Masten und Bäume aus Aluminium beherrschen nicht nur den Regattasektor, sondern auch die reine Freizeitsegelei. Sogar auf den billigsten Konstruktionen sind heute Aluminiumriggs üblich, und Änderungen der Klassenbestimmungen erlauben seit einigen Jahren auch auf den traditionsreichsten Olympiaklassen das Fahren von Aluminiummasten.

Metallmasten haben gegenüber Holzmasten zunächst einmal den gleichen Vorteil, den Kunststoffboote gegenüber Holzbooten haben, nämlich die längere Haltbarkeit. Dazu kommt der geringere Pflegeaufwand, denn das gepreßte Aluminiumrohr erhält eine Eloxierung, welche selbst bei ständiger Salzwassereinwirkung ein Oxydieren verhindert. Das beim Holzmast so gefürch-

Zum Foto auf Seite 25: Mast und Segel bilden heutzutage eine untrennbare Einheit. Diese gegenseitige Abhängigkeit ist sogar so groß, daß auch die Spitzensegler ihre Regatten oft eine Saison und länger mit nur einem Satz Segel

tete Verziehen durch Witterungseinflüsse oder falsche Lagerung ist hier ebenfalls ausgeschlossen.

Das heißt indessen nicht, daß innerhalb der Metallmasten keine Qualitätsunterschiede bestehen, denn neben dem richtigen Mastprofil, also der Querschnittsform, kommt es auch noch auf saubere Legierung und gute Festigkeit an. Das setzt wiederum voraus, daß der Mast genügend ausgehärtet ist. Andernfalls wird er, sollte er aus irgendeinem Grunde einmal stärker gebogen werden, in dieser Form verbleiben und sich nur mehr schlecht begradigen lassen.

Ganz unproblematisch ist ein Alu-Mast also weder in seiner Handhabung noch in der Herstellung. Kommt er aber erst einmal gerade aus der Aluminiumpresse heraus und ist genügend ausgehärtet und gut eloxiert, so ist seine Lebensdauer nahezu unbegrenzt; — ganz im Gegensatz zum Holzmast, der meist schon nach zwei bis drei Jahren erste Ermüdungserscheinungen zeigt. Er wird dann immer weicher und bricht eines Tages in einer Bö. Aluminium ist also gegenwärtig das geeignetste Material für den Mastenbau, obwohl es an entsprechenden Experimenten mit anderen Baustoffen und Bauverfahren nicht mangelt. Doch für die Serienherstellung von Masten reichen die dabei erzielten Ergebnisse bisher noch nicht aus.

Ein guter Alu-Mast ist immer ein gelungener Kompromiß zwischen möglichst geringem Gewicht, geringem Windwiderstand, niedrigem Gewichtsschwerpunkt und richtigen Festigkeitswerten und Widerstandsmomenten. Das Ergebnis sind eine Reihe verschiedenster Profile, also Querschnittsformen, von denen jedes seine Vor- und Nachteile hat. Durchgesetzt hat sich aber in erster Linie ein Profil, das aus einem

fahren, wenn dieser gut mit dem Mast harmoniert. Ein gutes Allroundsegel läßt sich an einem guten Mast heutzutage für jede Windstärke genau trimmen.

Kreisausschnitt besteht, achtern aber in gerade zusammenlaufende Flanken übergeht. Dieses Profil hat eine bessere Metallverteilung und damit ein höheres Widerstandsmoment. Außerdem wird Gewicht gespart, weil man solche Masten dünnwandiger bauen kann. Dieses Profil verläuft nicht von unten bis oben in gleicher Stärke, sondern verjüngt sich konisch über dem Vorstagansatz. Das Ergebnis ist eine bessere Biegung des Topps nach achtern und zur Seite, was sich wiederum bei stärkerem Wind vorteilhaft auswirkt. Was die Härte des Mastes betrifft, so gilt zunächst die Grundregel: ein weicherer Mast für eine leichte Mannschaft — ein härterer für eine schwere Mannschaft (näheres im nächsten Kapitel).

Viele Metallmasten sind heute mit Styropor als Auftriebsmittel ausgerüstet, das entweder als Granulat, also in Form von Körnern, oder in profilierter Form in den Mast geschüttet oder geschoben wird. Manche Masten sind auch komplett ausgeschäumt. Das verhindert indessen nicht, wie häufig angenommen wird, das Durchkentern der Jolle, sondern dient lediglich als Aufrichtehilfe. Dadurch kann nämlich nur wenig oder gar kein Wasser ins Mastinnere eindringen und die gekenterte Besatzung hat deshalb beim Aufrichten weniger Gewicht hochzudrücken.

Verstagungsmöglichkeiten

Noch bis vor kurzer Zeit trieb man den reinsten Kult mit Mastverstagungen, um dessen Biegung in jedem Bereich exakt kontrollieren zu können. Die Masten selbst waren natürlich entsprechend dünn und leicht. Dieser Kult ist aber bereits wieder im Abflauen, weil man feststellen mußte,

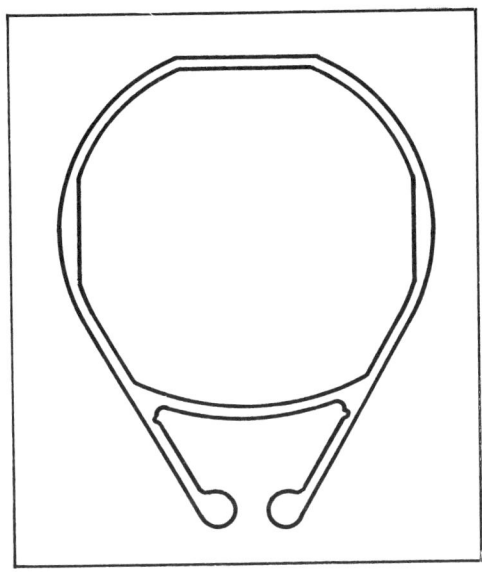

daß all das zusätzliche stehende Gut so viele kleine Wirbel erzeugte, daß sich das auf die Windströmung am Großsegel äußerst nachteilig auswirkte. Weniger Gewicht und Windwiderstand des Mastes konnten die Nachteile der Windturbulenzen nicht aufheben. Man begnügt sich deshalb jetzt meist mit Salingen, die in ihrer Länge auf Zug oder Druck (auf die Wanten) eingestellt werden können und deren Anstellwinkel sich horizontal verändern läßt. Salinge dienen dazu, die Mastbiegung im Bereich zwischen Mastfuß und Wantansatz zu kontrollieren.

Da sind zunächst die sogenannten vollfluchtenden Salinge, die von vorn nach achtern einen horizontalen Bogen von 180 Grad beschreiben können. Dieser Salingtyp, der mit den Wanten stets auf Zug verbunden sein sollte, hat aber einige Nachteile: beispielsweise den, den Mast plötzlich nach hinten zu drücken, falls die (frei drehende) Saling auf harten Vorwindkur-

Der oben abgebildete Profilquerschnitt hat sich bei den heutigen Aluminiummasten als sehr günstig erwiesen. Zum Topp hin kann er sich konisch verjüngen.

sen unter Spinnaker plötzlich unter Druck geraten sollte, was durchaus möglich ist, weil der Spinnaker in diesem Fall den Mast im oberen Bereich nach vorne zieht, wodurch er sich in der Mitte mehr oder weniger nach achtern biegt. Die Wirksamkeit vollfluchtender Salinge ist also in erster Linie von der Spannung der Wanten abhängig. Kurz gesagt bedeutet das: Der Mast biegt umso mehr, je länger die Salinge sind, und bleibt umso steifer, je kürzer sie eingestellt sind.

Am gefragtesten sind zur Zeit aber zweifellos die sogenannten beschränkt fluchtenden Salinge, die eine viel bessere Kontrolle der Mastbiegung erlauben. Zwei Faktoren sind es, mit denen eine solche Saling arbeitet: die verstellbare Länge des Salingarmes und der Anstellwinkel des Salingarmes nach achtern. Ist die richtige Einstellung einmal gefunden, so können sie fest in ihrer Position fixiert werden. Als Anhaltspunkt kann dienen, daß die Salinge die Wanten um einige Zentimeter aus der Geraden drücken müssen, falls der Mast steif gefahren werden soll. In ihrem Anstellwinkel müssen sie wiederum so fixiert sein, daß sie die Wanten etwas nach vorn aus der Geraden ziehen. Will man dem Mast mehr Biegung nach vorne geben, aber möglichst nicht zur Seite, so müssen die Salinge in ihrem Winkel nur entsprechend stärker nach achtern eingestellt werden, die Länge bleibt jedoch unverändert. Soll sich der Mast dagegen zwischen Fußpunkt und Wantansatz mehr nach Luv biegen, etwa um die Düse zu öffnen, so bleibt der Winkel zwar unverändert, doch die Salinglänge wird verkürzt. Die Mastmitte rückt dann weiter aus der Mittschiffslinie. Was die Höhe der Salinge betrifft, so sollte sie bei fest durch

Die beschränkt fluchtenden Salinge an diesem Mast sind sehr wirksam, da sie sich auch in ihrer Länge einstellen lassen. Die darunter montierten, nach vorne gepfeilten Diamonds können indessen auch ihre Nachteile haben.

das Deck geführten Masten knapp oberhalb des halben Weges zwischen Deck und
Fockfalleintritt liegen. Bei einem auf Deck
gestellten Mast liegt diese Position knapp
unterhalb dieser Halbhöhe.

Eine weitere Verstagungsmöglichkeit, auf
die aber immer mehr zugunsten der Salinge
verzichtet wird, sind Diamonds. Ihr Anwen-
dungsbereich ist auch etwas begrenzter, da
sie in der Hauptsache gegen seitliches Biegen wirken. Bis zu einem gewissen Grad
verhindern sie allerdings auch eine Biegung in der Längsachse des Schiffes, insbesondere, wenn sie leicht nach vorne gepfeilt sind. Gute Diamonds können an
ihrem Fußpunkt mittels Klapphebel oder
Trommelspanner in ihrer Spannung reguliert werden. Der Hauptnachteil dieser Ver-
stagung besteht darin, daß sie den Mast zu
starr in seiner Position fixiert, wodurch ihm
die Möglichkeit genommen wird, an der
Kreuz die Wellen besser abzufedern.

Über die Funktion der Wanten

Wird überhaupt keine zusätzliche Versta-
gung gefahren, so sollte man darauf achten, daß die Wantansatzpunkte am Mast
tiefer liegen als mit Saling oder Diamond,
also etwa ein Drittel der Mastlänge vom
Topp entfernt. Andernfalls ist die Quer-
schiffsbiegung zwischen Mastfuß und Wantansatz schon bei mittleren Winden recht
stark. In ihrer Funktion als Trimmeinrich-
tung hat man den Wert der Wanten mittlerweile auch entdeckt. Die guten alten Dreh-
wantenspanner und die modernen V2A-
Lochbänder müssen zumindest auf hochgezüchteten Rennjollen immer häufiger
kleinen Taljen und Spindeln weichen, die
auch während des Segelns ein Spannen
oder Entspannen der Wanten erlauben.

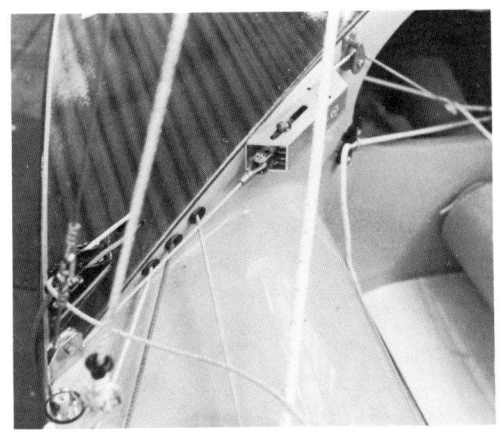

*Auf dem 505er (oben) werden die Wanten auf
einen Flaschenzug umgelenkt, so daß der
Steuermann von seinem Platz aus die Want-
spannung erhöhen oder verringern kann. Auf
dem Fireball (unten) dient dazu ein einfacher
Klapphebel.*

29

Nicht zu unterschätzen sind auch die Wantansätze an Deck. Je weiter die Wanten nach achtern stehen, um so sicherer wird zwar der Mast auf achterlichen Kursen gehalten, aber um so weniger weit kann dafür der Großbaum gefiert werden. Es gilt also, einen optimalen Kompromiß zwischen diesen beiden Faktoren zu finden. Voraussetzung für einen möglichst weit vorne liegenden Wantansatz sind stabile Wanten und eine feste Bootsschale. Näher als 30 Zentimeter zur Achse des Mastfußes wird man die Wantansätze aber keinesfalls legen.

Die Fallen

Was eigentlich selbstverständlich sein sollte, ist noch längst nicht auf allen Jollen — insbesondere Familienjollen — üblich, näm-

Zu kurze Drahtvorläufer oder auch nur ungenügend durchgesetzte Fallen bewirken — vorwiegend bei der Fock — ein Zusammensacken des Vorlieks, wodurch der Bauch nach achtern rutscht und das Segel „zumacht".

lich Fallen mit ausreichend langem Drahtvorläufer und vernünftiger Streckvorrichtung. Das ist nötig, um die Vorliekspannung zu erhalten. Taufallen recken nämlich sehr schnell und bewirken insbesondere bei der Fock ein Zusammensacken der Vorliekspannung, was wiederum Form und Einstellung des Segels beeinträchtigt. Bei Jollen mit mehr als zehn Quadratmetern Gesamtsegelfläche sind ausreichend lange Drahtvorläufer an den Fallen überaus wichtig, und wenn möglich, sollte sich zwischen Segelkopf und Fallarretierung oder -strekker gar kein Tau befinden.

Material für stehendes und laufendes Gut

Das stehende und laufende Gut besteht heute selbst bei billigeren Konstruktionen durchweg aus nichtrostendem und synthetischem Material. Verzinkter Draht, der spätestens nach einer Saison unter Salzwassereinfluß verrostet war, ist fast ausschließlich von nichtrostendem Stahl abgelöst worden. Für die Augen in den Fallen und Wanten verwendet man heute auch nicht mehr den guten, alten Spleiß, sondern Pressungen mit Preßhülsen, sogenannte Terminals. Das sind nichtrostende, hohle Endstücke, in die der Draht eingeführt wird. Über Walzen und Rollen drückt man das Ganze dann zusammen. Preßhülsen verbinden auf eine ähnliche Art den Draht oder klemmen zwei Drahtstücke zusammen, indem eine Metallhülse, meist Aluminium oder Kupfer, über den Draht geschoben und dann mit einer großen Hebelzange mehrfach zusammengequetscht wird. Das weiche Metall drückt sich in die Kardeele des Drahtes und bewirkt so eine haltbare Verbindung. Fast jeder Regatta-segler hat heute seine eigenen Hülsen mit Preßzange in der Werkzeugtasche und kann somit in kürzester Zeit Reparaturen ausführen, die früher noch recht zeitraubend und umständlich waren.

Der Großbaum

Mit den Großbäumen wurde fast ebenso ausgiebig experimentiert wie mit den Masten. Sie waren kastenförmig oder rund, bogen sich nach unten oder auch zur Seite, oder waren ganz starr. Durchgesetzt haben sich heute in der Regel Bäume, die nach allen Seiten ziemlich steif sind; und an diesen Erkenntnissen scheint sich auch — im Gegensatz zum Mastenbau — vorerst wenig zu ändern.

Daß Aluminiumbäume weit vorteilhafter sind als Holzbäume ist ebenso offensichtlich wie bei den Masten. Sie haben nicht nur eine stabilere Segelnut, sondern sind auch hohl, so daß man in ihrem Inneren ohne weiteres eine Talje zum Strecken des Unterlieks unterbringen kann, wobei die holende Part möglichst weit vorne an der Unterseite des Baumes austreten sollte, um jederzeit vom Vorschotmann während des Segelns bedient werden zu können.

Die besten Aluminiumbäume sind heute mit einem an der Unterseite eingeformten, über die ganze Länge reichenden Schienenprofil ausgestattet. Sowohl Baumniederholer als auch die Blöcke für die Groß-schot können somit verstellbar an Schlit-

Die Großschotführung von der Großbaumnock übers Heck ist nicht nur unpraktisch, da sowohl Schot als auch Pinne von achtern kommen, sondern wirkt sich auch eher nachteilig auf die Geschwindigkeit aus. Ein Großbaum biegt dann

nämlich so, wie er es auf keinen Fall tun soll: nämlich in der Mitte nach oben. Die Mittelschotführung ist sowohl praktischer als auch wirksamer.

ten gefahren werden, die auf ein und derselben Schiene laufen. Häufig ist diese Schiene auch an die Unterseite des Baumes genietet und in ihrer Länge begrenzt. Die Bedeutung, die verstellbare Großschotblöcke für den Riggtrimm haben, ist heute unumstritten. Liegen sie eng beisammen, konzentriert sich der Zug nach unten auf einen Punkt. Fährt man sie weiter auseinander, so verteilt sich der Zug gleichmäßiger über einen größeren Bereich. Und setzt man die Blöcke weiter nach achtern, so übt der dichtgeholte Großbaum einen Druck auf den Mast aus, so daß dieser sich im unteren Bereich nach vorne biegt.

Die Befestigung des Großsegelhalses am Baum ist oft ein heikler Punkt. Dieser Bolzen mit dem umklappbaren Ende ist auf jeden Fall eine der besten Lösungen. Das Bild darunter zeigt eine zwischen Großbaum-Niederholer und Mastbe-

Groß- und Vorsegel

Form und Wirkungsprinzip

Der Siegeszug synthetischen Materials hat auch bei den Segeln nicht haltgemacht. Sie werden heute fast ausschließlich aus Kunstfasern gefertigt und je nach Herstellungsland unterschiedlich bezeichnet, obwohl sie im Wesentlichen aus dem gleichen Material bestehen. In Deutschland nennt man es beispielsweise Diolen, in Amerika Dacron und in England Terylene. Pflegearmut und lange Haltbarkeit zeichnen diese Segel ebenso aus wie hohe Reißfestigkeit und der Vorzug, sie nicht mehr eintrimmen zu müssen, — was indessen nichts daran ändert, daß die Segelentwicklung schon wieder in einer neuen Revolution steckt, der Revolution des Profils.

Dr. Manfred Curry's Theorie, wonach ein Segel nichts anderes ist als ein Vogelflügel, hat ausgedient. Im Jahre 1925 postuliert, hielt sich das Vogelflügelprinzip bis in die jüngste Gegenwart. Die Erkenntnis, daß damit aber nicht unbedingt auch das wirksamste Segelprofil gefunden worden war, rang sich indessen schon Jahre vor dem Zeitpunkt durch, da man technisch in der Lage war, die Konsequenz aus dieser Erkenntnis zu ziehen. Denn lange Zeit war gegen die unangenehme Eigenschaft eines jeden Segels, bei zunehmendem Wind die Gewalt über seinen Bauch zu verlieren, nichts zu wollen, auch nicht mit Liekstrekkern und Mastkurven. Das Gewebe war ganz einfach noch zu schlaff dazu.

Demzufolge war es — gemäß dem Vogelflügelprinzip — bisher üblich, den Bauch knapp hinter das Vorliek zu schneiden, wo er sich noch am besten hielt und am wirksamsten war. Sowohl Theorie als auch Pra-
schlag aufgenietete Schiene, auf der das kurz davor aus dem Baum austretende Unterliekbändsel schnell und einfach während des Segelns verstellt und belegt werden kann.

So flach läßt sich heutzutage bei hartem Wetter ein gutes Allroundsegel an einem guten Mast trimmen . . .

. . . und so sieht das gleiche Segel am gleichen Mast aus, wenn es für leichtes Wetter getrimmt werden soll. Mast und Großbaum bleiben fast gerade und die Lieken werden ganz locker gefahren.

xis haben aber mittlerweile ausgiebig bewiesen, daß ein Segel — um mit ihm maximale Geschwindigkeit und Höhe zu laufen — mit einer gleichmäßigen Wölbung und Mittelbauch am wirksamsten ist. Jedes Boot, ob alt oder neu, läuft mit einem dieser modernen Riggs bis zu fünf Grad höher am Wind als noch vor kurzer Zeit. Realisieren ließ sich das indessen erst, nachdem es gelang, Tuche zu weben, die nach der Verarbeitung die vorgegebene Form auch beibehielten. Noch vor zwei bis drei Jahren wäre ein solcher Mittelbauch bei stärkerem Wind unweigerlich nach achtern gerutscht, was sich auf Geschwindigkeit und Höhe natürlich äußerst ungünstig auswirkt.

Das richtige Profil ins Segel zu bekommen, ist aber immer noch das Hauptproblem jedes Segelmachers. Nach der Auswahl des geeigneten Tuches wird er daher zunächst einige Testsegel daraus schneiden, um feststellen zu können, mit welchen Kurven und Abnähern er arbeiten muß, um mit diesem Tuch ein gut stehendes und vor allen Dingen gut „ziehendes" Segel zu bekommen. Hat er ein zufriedenstellendes Testsegel angefertigt, so werden davon Schablonen hergestellt und die weiteren Segel genau danach zugeschnitten. Dabei muß er immer wieder überprüfen, ob das Tuch noch die ursprüngliche Qualität und die richtigen Eigenschaften aufweist.

Ein wirksames Segel erhält sein Profil also durch den in die Mitte geschnittenen Bauch und durch die gekurvten Bahnen, die parallel zusammengenäht werden. Durch die

Die Vorliekspannung der Fock muß sich ebenso wie die des Großsegels schnell verstellen lassen. Bei Booten mit Fockwicklern gibt es da nur eine Lösung: Der Vorliekstrecker muß durch das Rohr des Wicklers geführt werden.

Das Unterliek der Fock sollte möglichst genau mit dem Deck abschließen (wie auf dem Bild). Ein Überschuß an Tuch kann ruhig auf Deck aufliegen.

34

Position der höchsten Kurvenpunkte und durch die Tiefe der Kurven wird die Tiefe des Profils sowie deren tiefster Punkt bestimmt. Die Liektaue beim Großsegel näht man unter leichter Spannung an, so daß sie im ungespannten Zustand das Tuch etwas zusammenziehen, wodurch kleine Falten hinter den Lieken entstehen. Die Vorsegel haben heute durchweg ein Drahtvorliek, auf dem das Tuchvorliek läuft. Am Kopfende wird die Fock mit dem Drahtauge fest verbunden, der Hals kann gestreckt werden. Auf diese Weise besteht die Möglichkeit, auch dem Vorliek der Fock während des Segelns die gewünschte Spannung zu verleihen.

Herstellungsverfahren des Tuches

Ob ein Segeltuch gut oder schlecht ist, hängt von der Art ab, in der ein Weber den Polyesterfaden verwebt und wie das Gewebe danach ausgerüstet wird. Die Qualität des Polyesterfadens ist wiederum auf die starke oder geringe Zwirnung des Fadens zurückzuführen. Ist er stärker gezwirnt, so kräuselt er sich leichter. Das ist dann wichtig, wenn man ein Tuch besonders dicht weben will, denn die Fäden liegen hier enger neben- und übereinander. Ein stärker gezwirnter Faden dehnt sich aber bei Belastung auch leichter aus, da seine Fasern genügend Platz haben, um sich im Strang unter Belastung gegeneinander zu pressen. Der Faden wird dadurch

Nicht gut ist dagegen ein zu hoch geschnittenes Unterliek wie auf diesem Bild, denn in diesem Fall kann der Wind von der Druckseite unterm Unterliek hindurch auf die Sogseite des Segels gelangen, wodurch ein Druckausgleich zustandekommt, der die Vortriebskraft mindert.

35

dünner und länger. Das Ergebnis: Das Tuch ist in der Längs- und Querrichtung relativ dehnbar. Die Längs- und Querfestigkeit des Tuches kann man aber auch noch durch die Dichtigkeitsstärke und Zwirnung der Kett- und Schußfäden steuern. Mit einer chemischen Nachbehandlung lassen sich Festigkeit und Oberflächenglätte beeinflussen.

Das fertig gewebte Tuch wird erst einmal gereinigt und über heiße Zylinder geschickt. Anschließend erhält es Stabilität durch Harzen, wobei das Tuch ein Harzbad durchläuft und anschließend eine Walzenstraße passiert, in der das Harz ins Gewebe gedrückt wird. Dieses Harzen verhindert ein Verschieben der einzelnen Fäden, was wiederum die Festigkeit in jeder Richtung erhöht. Durch verschiedenste Nachbehandlungen kann man dem Tuch dann noch die Eigenschaften verleihen, die es für den jeweiligen Zweck prädestinieren, also beispielsweise als Segel für Jollen oder Kielboote und als Groß- oder Vorsegel. Die Qualität eines Tuches wird durch Faser- und Fadenstärke, durch Harzviskosität, Webstuhlspannung und dem Preßdruck von Heiz- und Harzpresse beeinflußt. Aus diesem Grunde gehen ernsthafte Segelmacher immer mehr dazu über, Tücher ballenweise zu prüfen, dessen spezifische Eigenschaften herauszutesten und dann zu entscheiden, ob diese Tücher für ihre Schnittschablonen geeignet sind.

Segellatten

Für die Spannung des Großsegel-Achterlieks sorgen die Segellatten. Die oberste ist dabei meist durchgehend und verhindert somit eine Faltenbildung vor der Latte. Deren Flexibilität bestimmt wiederum die

Die oberste Latte sollte normalerweise so wie hier vorne weich und in den übrigen zwei Dritteln möglichst steif sein.

Segelwölbung in diesem Bereich; weiche Latten — starke Wölbung, steife Latten — geringe Wölbung. Sämtliche Latten, die oberste allerdings stärker als alle übrigen, verlaufen zum vorderen Ende hin konisch, so daß sie vorne biegsamer sind als in der achteren Hälfte. Gerade in den Olympiaklassen läßt sich gut beobachten, wie die Latten immer kürzer werden, seitdem die Qualität der Segelstoffe immer besser wird. Die Form der Segel kann somit jetzt in höherem Maße mit kürzeren Latten kontrolliert werden, das heißt, das harmonische Profil des Großsegels kann nun weiter nach achtern durchlaufen, ohne von relativ starren, langen Latten unterbrochen zu werden. Als Lattenmaterial verwendet man heute Kunststoff, oder eine Sandwich-Bauweise aus Kunststoff und Holz, oder auch nur Holz. In diesem Falle ist Holz sogar noch recht gefragt, insbesondere in Australien, Neuseeland und Brasilien, wo man über wesentlich stabilere und flexiblere Holzarten verfügt als in Europa. Wichtig ist bei einer Latte, daß sie sich nicht verzieht, im ungespannten Zustand gerade bleibt und sich gleichmäßig biegt.

Der Spinnaker

Ursprünglich war der Spinnaker ein reines Vormwindsegel, dessen Hauptaufgabe darin bestand, die projizierte Fläche vor dem Wind zu vergrößern. Inzwischen fand man aber längst heraus, daß auch er seine größte Wirkung nach dem gleichen Prinzip erzeugt wie Groß- und Vorsegel, nämlich bei laminarer Anströmung des Windes. Die Entwicklung hat dieser Erkenntnis dann auch Rechnung getragen. Auf modernen Jollen und Kielboten werden heute überwiegend sogenannte sphärisch geschnittene Spinnaker gefahren. Sie haben gekurvte Lieken und horizontale Bahnen, die im Gegensatz zu den früher üblichen vertikalen Bahnen in Richtung der Windströmung verlaufen und somit durch die Bahnnähte keinen Widerstand bilden. Außerdem hat der leichte Nylonstoff in Längsrichtung am wenigsten Dehnung, weshalb solche Spinnaker auch bei starkem Wind kaum bauchiger werden.

Diese sphärisch geschnittenen Spinnaker, bei denen es keine einzige gerade Tuchkante gibt und deren Krümmungsgrad wiederum die Form des Profils bestimmt, sind meist kugelförmig oder mit hohen Schultern versehen. Der Gedanke, dem Wind in der Höhe, wo die Abdeckung durch das Großsegel geringer und die Windgeschwindigkeit höher ist, durch die breiten Schultern möglichst viel Tuch entgegenzusetzen, ist für einige progressive Segelmacher schon längst nicht mehr der naheliegendste. Sie fertigen ihre Spinnaker für moderne Gleitjollen wie FD und Korsar oben bereits bis zu 15 Zentimeter schmaler als in den Klassenbestimmungen erlaubt, denn — so argumentieren sie — nur ein möglichst flacher Spinnaker erzeugt maximalen Vortrieb. Sie lehnen die Auffassung ab, daß ein Boot um so schneller ist, je höher und breiter die Schultern des Spinnakers geschnitten sind. Sie glauben vielmehr — wie der Amerikaner North —, daß man optimale Vortriebskraft nicht erreichen kann, wenn die Schultern zu hoch gezogen

So etwa sieht ein guter, sphärisch geschnittener Spinnaker aus. Es läuft dabei in der Regel auf einen geglückten Kompromiss zwischen optimalen Raumschots- und guten Vorwindeigenschaften hinaus.

37

sind. Ein flacher Spinnaker hat dagegen eine geringere krängende Wirkung, er steht ruhiger, und man kann mit ihm höher an den scheinbaren Wind gehen, bis zu 60 Grad allemal. Kaum jemand streitet indessen ab, daß sich die Vorzüge solcher Spinnaker in erster Linie auf stärkeren Wind beziehen. Für achterliche Kurse und leichteres Wetter ist ein runder und voller geschnittener Spinnaker immer noch besser geeignet, da er — insbesondere bei toter See — weniger schnell einfällt und besser zieht. Wer also ernsthafte Regattaambitionen hat, wird mit einem Spinnaker allein kaum auskommen.

Ob ein Spinnaker gut geschnitten ist, läßt sich nicht immer auf Anhieb feststellen, sondern erst in der praktischen Erprobung. Zunächst dürfen die Lieken nicht zu stramm und fest genäht sein, weil die sich sonst recht schnell nach innen rollen. Fast ebenso schlecht ist aber auch das Gegenteil, wenn sie zu lose sind und stark flattern. Dagegen macht es nichts, wenn der Spinnaker oben immer ein bißchen „mit dem Ohr wakkelt", weil das anzeigt, daß er sozusagen auf der optimalen Kante gefahren wird. Das Luvliek soll also auf Raumschotskursen im Bereich der oberen Krümmung stets ein ganz klein wenig flattern, was für den Vorschotmann ein ständiges Spielen mit dem Achterholer erfordert.

So offensichtlich also der Vorteil dieser neuen Spinnakerprofile ist, so fragwürdig ist indessen manche andere Errungenschaft, etwa das Gewicht des Tuches. Manche Segelschneider bieten Spinnaker an, die — in Extremfällen — nur halb so schwer sind wie ein normaler, also etwa 20 Gramm je Quadratmeter. Die Vorteile eines solchen Leichtwetterspinnakers sind aber so gering, daß sie dessen Nachteile, nämlich

die erhöhte Reißgefahr und Witterungs-empfindlichkeit (in erster Linie durch UV-Strahlung), auf keinen Fall aufwiegen.

Auch schwarze Spinnaker, die noch vor kurzer Zeit recht in Mode waren, haben sich in der Praxis nicht durchgesetzt. Der schwarze Stoff sollte bei Sonneneinwirkung nach dem Prinzip eines Heißluftballons einen nach oben gerichteten Warmluftstau erzeugen, was sich auf den besseren Stand des Spinnakers bei leichtem Wind jedoch kaum auswirkte. Dagegen

Auf den Regattabahnen kann man heute die unterschiedlichsten Spinnakerformen sehen. FD 1069 fährt beispielsweise einen sehr hochschultrigen, während FD 943 einen runder geschnittenen bevorzugt.

Wesentlich flacher als noch vor wenigen Jahren sind sie aber alle, und um selbst auf sehr spitzen Raumschotskursen noch eine gute Wirkung zu erzielen, muß die Leeschot möglichst weit achtern angreifen.

liegt der Effekt der unterschiedlich farbigen Bahnen nicht nur in ihrer dekorativen Wirkung. Der Spinnaker läßt sich so nämlich gerade bei starker Sonnenstrahlung besser beobachten und damit auch wirksamer bedienen.

Verständlicherweise ist das dünne Spinnakertuch empfindlicher als die übrigen Segel. Auch hat es bei Hitze die Eigenschaft, zu schrumpfen, während es sich bei Nässe ausdehnt. Es ist eine irrige aber dennnoch recht beliebte Ansicht, zu glauben, der

Spinnaker müßte nicht so sorgfältig zusammengelegt werden wie die übrigen Segel. Denn wer ihn einfach zusammengeknüllt und möglicherweise noch naß wegstaut, hat dann eben beim nächsten Mal ein kleineres Segel. Denn ein zerknitterter Geldschein, der nach einiger Zeit wieder glattgestrichen wird, ist auch nicht mehr so groß wie einer, den man sorgfältig zusammengelegt hat. Er ist aber dafür — im Gegensatz zum Spinaker — immer noch genauso viel wert.

Die Spinnaker auf diesen beiden Booten weisen wieder andere Merkmale auf. Während der linke relativ flach und oben sehr schmal ist, weshalb er auf Raumschotskursen bei hartem Wetter am wirksamsten sein dürfte, hat der rechte Spinnaker noch die für die früheren Spinnakerschnitte so charakteristische „Hühnerbrust" und die vertikale Mittelnaht. Er ist zwar für reine Vorwindkurse ganz geeignet, hat aber raumschots deutliche Nachteile.

Trimm und technische Beherrschung der Jolle

Um aus einer modernen Jolle maximale Geschwindigkeit herauszuholen, bedarf es einer Voraussetzung: Man muß deren Einrichtungen und Funktionen zuvor begreifen. Denn größtmögliche Geschwindigkeit resultiert erst aus dem optimalen Zusammenwirken von Riggtrimm, Lateraltrimm und Gewichtstrimm, — plus richtiger Segeltechnik. Während ausgefeilte Segeltechnik, also das möglichst wirkungsvolle Zusammenspiel von Körpereinsatz, Steuern und Schotenbedienung, jedoch in hohem Maße eine Sache persönlicher Veranlagung (sprich Talent) und Erfahrung ist und daher nur sehr begrenzt als eine Art Grobraster gelehrt werden kann, verhält es sich mit dem Trimmen etwas anders.

Hier machen weniger Übung und Begabung den Meister, als vielmehr das theoretische Verständnis von Zusammenhängen nach dem Prinzip von Ursache und Wirkung; — was aber keinesfalls heißen soll, daß nicht auch hier der Punkt eintritt, an dem nur noch die persönliche Erfahrung weitere Fortschritte zuläßt. Aber gerade das Erreichen dieses Punktes führt nur über die genaue Kenntnis der ursächlichen Wirkungszusammenhänge. Und das trifft für Familienjollen (natürlich in geringerem Maße) ebenso zu wie für reinrassige Rennjollen, — denn die Grundprinzipien bleiben stets die gleichen.

Da der Trimm einer Jolle und deren technische Beherrschung nur schlecht voneinander zu trennen sind, haben wir es vorgezogen, diesen ganzen Komplex in einem Kapitel zu behandeln, das dafür aber — der Übersichtlichkeit wegen — exakt in die zu segelnden Kurse und Windverhältnisse aufgeteilt wurde. Diese Form der Aufteilung soll gewährleisten, daß in diesem Zentralthema nichts aus dem Zusammenhang gerissen wird. Zunächst aber eine Einführung in die verschiedenen Trimmmöglichkeiten und in die Technik des Trapezsegelns.

Die verschiedenen Trimmkomponenten (Gewichts-, Lateral- und Riggtrimm)

Bekanntlich hat ein Boot auf der Fahrt durchs Wasser zwei Widerstände zu überwinden. Da ist einmal der Verdrängungswiderstand, der in diesem Zusammenhang aber — weil konstruktionsbedingt — nur von untergeordneter Bedeutung ist, und der Reibungswiderstand, der durch den Kontakt von Boot und Wasser entsteht. Je größer die benetzte Oberfläche des Bootes ist, umso größer ist natürlich auch der Reibungswiderstand und damit auch der Kraftaufwand, um die Jolle fortzubewegen.

Das wirksamste Mittel zur Reduzierung der benetzten Oberfläche ist die Gewichtsverlagerung. Trimmt die Mannschaft also ihr Gewicht nach vorne, so nimmt zwar der Tiefgang im vorderen Bereich zu, aber das breiter auslaufende Heck taucht umso weiter heraus. Die Verdrängung des Bootes bleibt dabei zwar die gleiche, doch das Auftriebsvolumen des Rumpfes ist jetzt anders verteilt. Der Effekt: Die benetzte Oberfläche und damit der Reibungswiderstand verringern sich.

Verlagert die Mannschaft ihr Gewicht dagegen nach achtern, so sieht die Sache umgekehrt aus. Durch das tiefere Eintauchen des Hecks vergrößert sich die benetzte Oberfläche und der Tiefgang verringert sich. Bei leichtem Wind, wenn der Reibungswiderstand eine große Rolle spielt, ist die Reduzierung der benetzten Oberfläche durch entsprechenden Gewichtstrimm äußerst wichtig. Bei stärkerem Wind und höheren Geschwindigkeiten, wenn andere dynamische Kräfte wirksam werden, spielt der Reibungswiderstand dagegen nur mehr eine untergeordnete Rolle.

Interessant ist in diesem Zusammenhang vielleicht, daß sich der Reibungswiderstand auch durch ein entsprechend präpariertes Unterwasserschiff bis zu einem gewissen Grad reduzieren läßt. Während man das bis vor wenigen Jahren aber noch durch peinlich exaktes Polieren zu erreichen glaubte, haben sowohl die Praxis als auch entsprechende Versuche längst erwiesen, daß ein leicht angeschliffenes Unterwasserschiff am günstigsten ist. Dabei wird durch das Schleifpapier die Oberfläche des Unterwasserschiffes mikroskopisch fein aufgerauht. Es kann sich dadurch eine feine Grenzschicht zwischen der laminaren Wasserströmung und dem Unterwasserschiff bilden, die dann den Reibungswiderstand vermindert. Versuche haben ergeben, daß sich ein Wasser-Schleifpapier der Körnung 400 am besten dafür eignet.

Bei Kunststoffjollen kann das Schleifen jedoch — im Gegensatz zum Sperrholz — bisweilen unangenehme Folgen haben. Hier besteht nämlich die Gefahr, daß bei zu tiefem Schleifen der Gelcoat, also die Farbdeckschicht des Laminates, so weit abgerieben wird, daß es die Haltbarkeit der Oberfläche beeinträchtigt. Daneben gibt es noch Spezial-Graphitfarben, die durch ihre leicht rauhen Graphitpartikelchen eine ähnliche Wirkung erzeugen. Sie haben aber den Nachteil, nicht sehr lange am Unterwasserschiff zu haften und abzufärben. Übrigens ist die Bezeichnung Unterwasserschiff insofern nicht ganz richtig, als damit die gesamte Außenschale bis zur Scheuer-

Die Reduzierung der benetzten Fläche durch richtigen Gewichtstrimm ist bei leichterem Wetter äußerst wichtig, denn hier macht der Reibungswiderstand 80 bis 90 Prozent des Gesamtwiderstandes aus. Da dies aber nicht auf Kosten der Vortriebskraft der Segel gehen darf, was bei starker Leekrängung (Bild) aber der Fall sein kann, müssen diese beiden in Wechselwirkung stehenden Faktoren stets genau gegeneinander abgewogen werden. Gewichtstrimm nach vorne

ist neben der Leekrängung der zweite Trimm-
faktor, mit dem sich die benetzte Fläche reduzieren läßt. Auf dem Bild ganz oben wird das
aber etwas extrem praktiziert, zumal der Vorschotmann hier die Düsenwirkung zwischen
Fock und Großsegel stört. Bei normaler Sitz-
position der Mannschaft (Bild rechts unten)
taucht das Achterschiff voll ein, was viel benetzte Fläche und damit auch hohen Reibungswiderstand bedeutet.

leiste gemeint ist. Man vergißt nämlich nur allzu oft, daß stets auch das Überwasserschiff bis zu einem gewissen Grad ins Wasser eintaucht. Demzufolge sollte der Unterwasseranstrich immer bis zur Scheuerleiste reichen, denn andernfalls gibt das einen Farbstoß, der sich durch den Wasserpaß sogar noch verdoppelt. Wer mit seinem Boot also tatsächlich auf maximale Geschwindigkeit Wert legt, sollte diese Kleinigkeit nicht übersehen. Daß der richtige Gewichtstrimm aber in jedem Falle weit wichtiger ist als kunstvoll zurechtpräparierte Außenschalen, dürfte klar sein.

Der Jollensegler hat im Gegensatz zum Kielbootsegler aber auch noch die Möglichkeit des Lateraltrimms. Der Lateralplan ist bekanntlich die Fläche, die auf der Konstruktionszeichnung unterhalb der Konstruktionswasserlinie (CWL) liegt, und zwar einschließlich Schwert und Ruder. Es handelt sich dabei also um die gesamte Fläche, die den Widerstand gegen die seitliche Abdrift erzeugt. Und die Trimmöglichkeit besteht dabei im Verändern der Schwert- und Ruderstellung und der Schwimmlage. Bei modernen Jollen kann das Schwert überdies nicht nur in seinem Anstellwinkel, sondern auch in seinem Drehpunkt im Schwertkasten um 10 bis 20 Zentimeter nach vorne oder hinten verstellt werden.

Beim Bootstrimm geht es ja ausschließlich darum, ein möglichst ausgewogenes Verhältnis zwischen dem Schwerpunkt über Wasser, also dem des Segeldruckes, und dem Schwerpunkt unter Wasser, dem des Lateralplanes, zu erreichen. Das Verhältnis dieser beiden Punkte zueinander wird aber von etlichen Faktoren bestimmt. Beispielsweise vom Kurs, den das Boot segelt, von seiner Geschwindigkeit, der Krängung und natürlich von der Wölbung und Ein-

Eine gut ausgetrimmte Jolle wird auch bei starkem Wind, wo praktisch jedes Boot zur Luvgierigkeit neigt, noch ausgeglichen auf dem Ruder liegen. Die Luv-Tendenz hält sich hier nämlich in einem Rahmen, der noch gut durch die gebotenen Gegenmittel kompensiert werden kann. Ansonsten wird die Luvgierigkeit so stark, daß sie nur durch ständiges, anstrengendes Gegenruder (Bild) korrigiert werden kann. Und das bedeutet Geschwindigkeitsverlust.

stellebene der Segel, deren Gesamtschwerpunkt sich wiederum aus den Einzelschwerpunkten von Groß- und Vorsegel zusammensetzt (außer natürlich bei Einhandjollen ohne Fock). Liegt der Segelschwerpunkt auch nur knapp hinter dem des Lateralplanes, so zeigt das Boot die Tendenz, mit der Nase in den Wind zu drehen, — es wird luvgierig. Liegt der Segelschwerpunkt dagegen weit vor dem des Lateralplanes, so passiert das Gegenteil, — es wird leegierig. Das Boot fällt also bei neutraler Mittschiffs-Ruderstellung ab.

Unabhängig von all diesen Einflüssen braucht aber jedes Boot einen Standardtrimm, wobei eine Norm für die Position des Mastfußes und der richtige Winkel des Mastes zur Längsschiffsachse gefunden werden müssen. Erfahrungsgemäß wird man deshalb bei leichtem Trimmwetter, also etwa 2 Windstärken, den Mast so ins Boot stellen, daß die Jolle hoch am Wind — bei gefiertem Schwert, richtiger Segelstellung, fast aufrecht und in die Mitte konzentriertem Gewichtsschwerpunkt — so ausgeglichen wie möglich am Ruder liegt. Das ändert zwar nichts daran, daß sie bei noch leichterem Wind trotzdem zu Leegierigkeit und bei zunehmendem Wind dagegen zu Luvgierigkeit neigen wird, aber das tut sie in einem Rahmen, der dann verhältnismäßig leicht durch andere Beeinflussungsmöglichkeiten zu korrigieren ist. Die „goldene Mitte" ist jedenfalls einmal festgelegt. Das Gleichgewicht zwischen Segelschwerpunkt und Lateralschwerpunkt ist also unbedingte Voraussetzung für maximale Geschwindigkeit. Denn andernfalls muß Gegenruder gegeben werden, — und das bremst.

Das Komplizierteste am ganzen Boot ist aber bei weitem der Riggtrimm, denn durch ihn läßt sich nicht nur der Segelschwerpunkt verändern, sondern er bestimmt auch, ob die Segel bei den jeweils gegebenen Verhältnissen optimale Vortriebskraft entwickeln. Und das tun sie nur, wenn sich ihnen der Mast so wirkungsvoll wie möglich anpaßt. Also müssen die beiden eine möglichst vollkommene Einheit bilden, so daß jede Profilveränderung am Segel die ihr entsprechende Mastkurve erhält. Diese gegenseitige Abhängigkeit ist bei modernen Rennjollen natürlich weit größer als bei weniger anspruchsvoll ausgerüsteten Familienjollen. Im Allgemeinen aber kann ein Segel noch so gut geschnitten sein, wenn der Mast damit nicht harmoniert, werden seine Qualitäten nicht zur Wirkung kommen. Wie das im Einzelnen aussieht, wird in den Absätzen über Trimm und Technik erläutert.

Die Technik des Trapezsegelns

Die Einführung des Trapezes Mitte der 50er Jahre hatte der Jollensegelei eine neue Dimension erschlossen. Das Trapez erst bot nämlich die Voraussetzung für die Konstruktion immer sensiblerer und labilerer Leichtbaujollen, deren relativ große Segelflächen durch herkömmliches Ausreiten keinesfalls mehr zu bewältigen gewesen wären. Natürlich hat sich die Trapezsegelei im Laufe der Jahre auch ständig verfeinert. Ging es früher noch darum, trotz Nierenschmerzen so lange wie möglich am Draht auszuharren, so gilt es heute, unter Zuhilfenahme verschiedenster Tricks sein Körpergewicht so wirkungsvoll wie möglich einzusetzen. Die technischen Voraussetzungen sind mittlerweile längst erfüllt.

So werden heute kaum mehr diese steifen und harten Hüftgurte benutzt, sondern eine Art Trapezkorsett. Der ganze Druck lastet nicht mehr auf dem schmalen Bereich in der Hüftgegend, sondern ist über den ganzen Körper gleichmäßig verteilt. In diesen Trapezkorsetts ist der Vorschotmann wie in eine Hängematte eingebettet, so daß diese Lage weniger anstrengend ist als normales Ausreiten. Der Haken, der für den Fall einer Kenterung leicht nach unten zu öffnen sein muß, kann mittels verstellbarer Riemen so reguliert werden, daß er genau am Körperschwerpunkt sitzt, wo die beste Wirkung erreicht wird.

Die Technik während des Ausreitens hat sich auf den modernen Regattajollen bereits zu einer Art „intuitiver Wissenschaft" entwickelt, die vom Vorschotmann nicht nur Kraft und Reaktionsvermögen verlangt, sondern vor allem das richtige Gefühl für die Reaktionen dieser Rennmaschinen. Erst diese Mischung zeichnet einen guten Trapezmann aus. Für den Steuermann wiederum bietet nur ein mit diesen Fähigkeiten ausgestatteter Vorschotmann die Voraussetzung für einen spektakulären Regattaerfolg. Denn Trapezsegeln ist echte Crew-Arbeit, da jede Ruderbewegung die entsprechende Reaktion des Vorschotmanns verlangt. Solche gut harmonierenden Mannschaften, bei denen die Intuition die Kommandos längst abgelöst hat, sind es dann auch, die man bei harten Regatten immer wieder vorne findet. Schon längst nämlich assoziiert man einen hochgezüchteten FD eher mit einem sensiblen Turnierpferd als mit einem leblosen Sportgerät.

Das Gewicht und die Größe des Vorschotmannes spielen bei den heutigen flexiblen Riggs bei weitem nicht mehr die Rolle wie in den Anfangszeiten der Trapezsegelei.

Genau im idealen Winkel von 90 Grad zum Mast steht dieser Vorschotmann im Trapez. Während er mit der einen Hand die Fockschot fährt, bleibt die andere frei, um sich jederzeit am Griff ins Boot ziehen zu können.

Der rechte Arm sollte hier lieber in den Nacken gelegt werden, denn das würde die Hebelkraft erhöhen. Bei starkem Wind ist es überdies sicherer, mit leicht gegrätschten Beinen im Trapez zu stehen.

Ein zu offener Haken am Trapezgurt hat schon manchem Trapezmann zu einem unverhofften Bad verholfen. Beim Aussteigen ins Trapez hakt sich der Stropp nämlich gerne von selbst aus, weil er da nicht immer unter Zug steht.

Viel wichtiger ist, daß der Trapezmann körperlich fit ist. Denn dann kann man ihm zu dem zweiten getrost noch einen dritten wassertriefenden Wollpullover über den Brustkorb stülpen. Kommen dann noch Schwimmweste und Trapezgurt dazu, so nehmen sich amerikanische Rugby-Profis wie zarte Jünglinge dagegen aus.

Obwohl bei richtig hartem Wetter zumindest an der Kreuz ein schwerer und entsprechend großer Vorschotmann immer Vorteile bringen wird, so bestätigen sich

Auf Raumschotskursen muß der Trapezmann oft ziemlich weit achtern trimmen, weshalb die Scheuerleiste bis hinten zum Steuermannsbereich gut rutschhemmend aufgerauht sein sollte.

bei leichteren und mittleren Winden bis zu 4 Windstärken immer wieder die Vorteile eines fähigen, weniger gewichtigen Trapezmannes. Und zwar hauptsächlich auf Raumschotkursen unter Spinnaker. Ein gefühlvoller Vorschotmann ist nämlich ohne weiteres in der Lage, einen 505er, 470er, Korsar oder FD, oder ähnliche Jollen, bereits bei knappen 3 Windstärken in einen Zustand des Halbgleitens zu versetzen. Voraussetzung ist natürlich eine harmonische Zusammenarbeit mit dem Steuermann.

Viel gefährlicher ist aber ein zu geschlossener Haken, aus dem sich der Stropp in einer brenzligen Situation wie hier, wo eine Kenterung zu befürchten ist, nicht schnell genug lösen läßt.

(Wie das im Einzelnen aussieht, erfahren Sie in den nächsten Abschnitten).

Die Trapezarbeit auf der Kreuz bietet dem Vorschotmann dagegen weniger Möglichkeiten. Sie ist auch längst nicht so anstrengend wie auf Raumschots-Gleitkursen und dient daher auch etwas zum Ausruhen. Trotzdem kann natürlich auch auf der Kreuz gute Trapezarbeit die entscheidenden Meter bringen. Aber da handelt es sich dann vorwiegend um reine Konditionssache. Wer in gestreckter Haltung, mit durchgedrücktem Hohlkreuz und in den Nacken gelegtem freien Arm eine ganze Kreuz durchhält und dabei gleichzeitig noch schnelle Wenden fährt, kann sich schon zu den Routiniers zählen. Die Gretchenfrage, ob der zurückgeworfene freie Arm noch zusätzliche Hebelkraft erzeugt oder nur Windwiderstand bietet, muß zu ihrer Lösung nur etwas abgewandelt werden. Denn ein in den Nacken geworfener (nicht einfach zurückgestreckter) Arm, der durch die üblichen nassen Pullis mindestens das Doppelte seines normalen Gewichtes wiegt, bleibt keinesfalls wirkungslos, — zumal er so nicht den geringsten Windwiderstand bietet.

Die Schwierigkeiten, mit denen wohl jeder Anfänger beim ersten Kontakt mit der Trapezsegelei zu kämpfen hat, sind relativ schnell überwunden, sofern man sich an ein gewisses Grundkonzept hält. Bedingt durch die verschiedenen Bootstypen und

Diese Trapezausrüstung ist sehr gut, obwohl der (ideal geformte) Haken etwas dichter am Körper sitzen sollte. Der Vorschotmann ist wie in einer Hängematte in seinem Gurt eingebettet und der Haken liegt im Körperschwerpunkt, wo die beste Wirkung erreicht wird. Ein zwischen Ring und Griff montierter, zweifach übersetzter Flaschenzug ermöglicht es dem Trapezmann, seine Lage während des Hängens zu verändern.

Bauweisen kann das allerdings etwas unterschiedlich aussehen. Etwas Trockentraining forciert aber in jedem Falle die Koordination der einzelnen Bewegungsabläufe.

Die geläufigste Methode, ins Trapez zu steigen, sieht bei Leichtbaujollen so aus: Mit bereits eingehäktem Trapezgurt sitzt der Vorschotmann knapp hinter dem Want auf dem Seitendeck, zieht nun das vordere Bein an Deck und stützt sich mit dem Fuß am Wantansatz ab. Da die Fockschot möglichst auch während des Aussteigens aus der Hand gefahren werden sollte, muß das Boot mit einer umgelenkten Trapezvorrichtung ausgerüstet sein, deren (durch einen kleinen Block umgelenkter) Drahtstropp auch dann bereits unter leichtem Zug steht,

wenn der Vorschotmann noch an Deck sitzt. Mit dem ans Want gestützten vorderen Fuß drückt der Trapezmann dann seinen „Allerwertesten" so weit über die Scheuerleiste, bis der Trapezdraht das volle Körpergewicht trägt. Dabei kann er sich noch mit der vorderen Hand am Stropp oder einem häufig am Trapezdraht montierten Griff festhalten, während die hintere Hand die Fockschot führt. Gleichzeitig zieht er auch das hintere Bein nach und setzt nun den zweiten Fuß an die Scheuerleiste. Hängt der Trapezmann dann mit leicht gegrätschten und gestreckten Beinen voll im Trapez, so muß die Lage seines Körpers zum Mast einen Winkel von 85 bis 90 Grad bilden. Da die Gurtbefestigungen während des Hängens meist etwas nachgeben, ist das Ein-

So sieht die typische Ausgangsstellung fürs Trapez aus. Mit dem Fuß des vorderen, angewinkelten Beines stützt sich der Vorschotmann an Scheuerleiste und Want ab, drückt sich anschließend vom Boot weg und zieht gleichzei-

tig das andere Bein nach. Dabei hält er sich mit der vorderen Hand an dem häufig am Trapezdraht montierten, äußerst nützlichen Griff fest und fährt gleichzeitig in der anderen Hand die Fockschot.

halten des richtigen Hängewinkels nicht immer ganz einfach. Findige Trapezleute helfen dem aber dadurch ab, daß sie zwischen dem Haken am Gurt und dem Trapezdraht eine zweifach übersetzte Talje einsetzen, deren holende Part jederzeit an den kammartig geriffelten Innenwänden des oberen Blocks belegt werden kann. Durch Ziehen oder Nachlassen der holenden Part kann der Vorschotmann schnell und ohne Mühe seinen Hängewinkel während des Austrimmens verstellen.

Bei Nachlassen des Windes geht der Trapezmann zunächst nur in die Hocke, läßt dann die Füße von der Scheuerleiste übers Seitendeck ins Cockpit gleiten und zieht sich am Griff oder Stropp selbst aufs Deck. Dabei wird in der freien Hand die Fockschot gehalten. Die andere, von Anfängern häufig praktizierte Methode, wobei sich der Vorschotmann so weit nach achtern gleiten läßt, bis er mit seinem Körper an Deck landet, ist wegen der damit verbundenen Behinderung des Steuermannes nicht zu empfehlen. Außerdem verlagert sich dabei das Gewicht zu weit nach achtern, was sich zumindest an der Kreuz ungünstig auf die Trimmlage der Jolle auswirkt.

Trimm und Technik beim Kreuzen

Wie mache ich mit meiner Jolle unter allen Bedingungen optimalen Weg nach Luv? Diese Frage möglichst umfassend zu beantworten, ist Absicht der folgenden drei Abschnitte. Sowohl Trimm als auch Technik werden dabei primär von zwei Faktoren bestimmt, nämlich von der Windstärke und dem Wellenbild; — und das gilt für jeden Kurs. Maximale Geschwindigkeit ist — neben der richtigen Segeltechnik — aber

ebenfalls das Ergebnis einer genauen Kombination zweier Hauptfaktoren: Erstens des Bootstrimms, der sich aus Lateral- und Gewichtstrimm zusammensetzt, und dem Riggtrimm, also der optimalen Einstellung von Mast und Segel. Erst wer das ständige Wechselspiel dieser beiden Komponenten richtig beherrscht, wird in der Lage sein, aus seiner Jolle größtmögliche Geschwindigkeit und Höhe herauszuholen.

Kreuzen bei leichtem Wind

In diesem Abschnitt geht es um Trimm und Technik bei leichtem Wind bis etwa eineinhalb Windstärken. Der *Bootstrimm* dürfte bei diesem Wetter bereits klar sein. Er läuft auf größtmögliche Reduzierung der benetz-

ten Fläche hinaus, denn die macht bei so geringen Geschwindigkeiten 80 bis 90 Prozent des Gesamtwiderstandes aus. Also muß das Mannschaftsgewicht so weit nach vorne, bis der Spiegel völlig frei wird. Und dafür hat in erster Linie der Vorschotmann zu sorgen, denn der Steuermann ist in sei-

Die Mannschaft hat ihren Gewichtstrimm auf diesem Bild gut den herrschenden, flauen Windverhältnissen angepaßt. Doch die Fock dürfte auf diesem 505er noch etwas lockerer gefahren werden.

ner Bewegungsfreiheit ja ziemlich eingeschränkt. Bei den meisten Jollen reicht es aus, wenn der Vorschotmann vor dem Luvwant auf Höhe des Mastes sitzt, also meist am achteren Ende des Vorschiffes. Dort kann er dann auch so weit nach Lee rutschen, bis die Jolle leicht zu krängen beginnt, denn dadurch wird die benetzte Fläche weiter reduziert. Es taucht dann zwar die Leeseite tiefer ein, aber gegenüber der Unterwasserfläche, die dafür in Luv frei wird, ist sie viel geringer. Diese Krängung von 5 bis 15 Grad (je nach Windstärke und Bootstyp) bewirkt überdies eine asymmetrische Schwimmlage, was den Widerstand leicht erhöht. Doch wird auch dieser Nachteil durch den Vorteil der zusätzlich reduzierten benetzten Fläche bei weitem aufgehoben. Dagegen bewirkt die durch die Krängung hervorgerufene Asymmetrie des Rumpfes eine Tendenz zur Luvgierigkeit, was die bei so leichtem Wind normalerweise auftretende Leegierigkeit zu kompensieren hilft.

Aber auch die Gewichtsverlagerung nach vorne dient nicht nur der Reduzierung der benetzten Fläche, sondern wirkt auch der Leegierigkeit entgegen. Dadurch verlagert sich nämlich der Lateralplan und damit auch der Lateralschwerpunkt nach vorne. Voraussetzung ist natürlich ein bis zum Anschlag gefiertes Schwert. Dagegen braucht das Ruderblatt nicht unbedingt in unterster Position fixiert sein, denn bei einem Winkel von etwa 60 bis 70 Grad erlaubt es bei den meisten Jollen ein feineres Steuern, da die Jolle spontaner auf Ruderbewegungen reagiert. Falls das Boot aber immer noch eine geringe Neigung zu Leegierigkeit zeigen sollte, wird auch das Ruderblatt senkrecht gefahren. Ansonsten müßten alle diese Faktoren die Jolle nun ausgeglichen auf

dem Ruder liegen lassen. Bei sehr flauem Wetter, also einer Windstärke und darunter, kann man die Krängung übrigens noch geringfügig bis auf etwa 20 Grad erhöhen. Sie hilft dann nämlich mit, das Profil ins Segel zu drücken, weil das bißchen Wind alleine das nicht mehr schafft.

Und damit wären wir bereits beim *Riggtrimm,* also der den Verhältnissen angepaßten optimalen Einstellung von Mast und Segel. Wie schon im Kapitel Rigg und Segel erwähnt, ist man sich heute sowohl in der Theorie als auch in der Praxis darüber einig, daß ein gleichmäßig gewölbtes Segel mit Mittelbauch am wirksamsten ist, und zwar für die Höhe ebenso wie für die Geschwindigkeit. Technisch möglich war das aber erst, nachdem es gelang, Tuche zu weben, die nach der Verarbeitung die vorgegebene Form auch beibehielten. Die größte Wölbungstiefe liegt bei einem solchen Segel also nicht mehr am Ende des ersten Drittels, sondern etwa in der Mitte. Obwohl die Tiefe des Profils gleich geblieben ist, erlaubt das einen engeren Anstellwinkel zum Wind und damit auch einige Grad mehr Höhe, ohne daß sich hinter dem Mast ein Gegenbauch bildet.

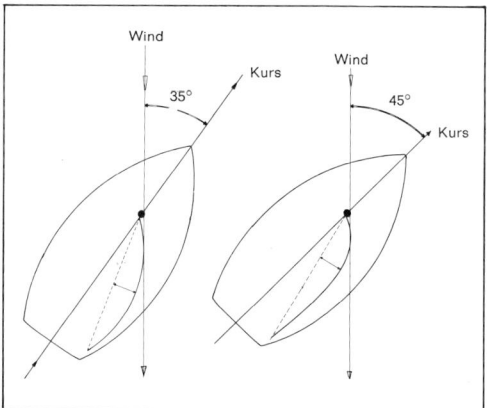

Links ein modernes Mittelbauch-Segel, rechts ein Segel mit dem herkömmlichen Vogelflügelprofil. Die größte Profiltiefe liegt hier nicht mehr bei etwa 30 Prozent, sondern bei 50 Prozent, also genau in der Mitte.

Ein solches Segel erzeugt aber auch mehr Vortrieb, und zwar insbesondere bei leichten bis mittleren Winden, wo die Wölbungstiefe voll eingesetzt wird. Dadurch kommt nämlich die Lattenpartie am Achterliek weiter nach innen; — oder anders ausgedrückt, das Achterliek eines solchen Segels ist geschlossener als das eines herkömmlichen Vogelflügelprofils. Und das ist gut so, denn ein geschlossenes Segel erzeugt mehr Vortrieb als ein offenes. Zwar ist dann auch seine krängende Wirkung größer, aber das ist solange nicht von Belang, wie die Mannschaft genug Gegengewicht liefert. (Was bei stärkerem Wind dagegen zu tun ist, wird noch in den entsprechenden Absätzen erläutert.)

Selbstverständlich ist auch ein nach diesen Erkenntnissen geschnittenes Vorsegel wirksamer als eines mit Bauch am Vorliek, zumal hier kein dicker Mast die Windanschnittskante stört. Eine flachere Profilnase kommt also unmittelbar dem Windeinfallswinkel zugute. Dafür tauchen hier andere Probleme auf. So fehlt dem Vorsegel beispielsweise der flexible Mast, der das Profil nach vorn hin flacher trimmen könnte. Stattdessen hängt es lediglich am gerade durchlaufenden Vorliekdraht, der meist sogar noch bei Belastung zur Seite und nach achtern etwas nachgibt. Der zweite kritische Punkt betrifft die Herstellung eines solchen Segels, denn die Diagonalfestigkeit muß bei einem solchen Tuch extrem groß sein, da der gesamte Druck des Segels auf einen Punkt hinausläuft, nämlich auf das Schothorn. Aber mittlerweile hat man auch dieses Problem gelöst. Gerade bei leichtem Wind und glattem Wasser erlauben solche Vorsegel eine maximale Höhe, denn insbesondere bei diesen Verhältnissen darf die Windanschnittskante besonders flach sein. Das bedeutet, daß der Holepunkt so weit wie möglich nach innen versetzt werden muß. Wie weit, das hängt in erster Linie von der Größe und dem Schnitt der Fock ab, aber in der Regel darf der Winkel um so enger sein, je weniger die Fock mit dem Großsegel überlappt. Beim internationalen 505er ist er beispielsweise schon bis auf sieben Grad zusammengeschrumpft. Da in diesem Falle aber das Achterliek der Fock noch weiter nach innen kommt und somit gerade bei weit überlappenden Genuas wie beim FD noch mehr Abwind ins Großsegel wirft, muß ein solches Segel im oberen Achterliekbereich gut offen sein, — denn gerade dort oben ist die Düse zwischen Fock und Großsegel besonders schmal. Für den Segelmacher bedeutet das wiederum, daß die Diagonalfestigkeit des Tuches im stark belasteten Bereich der Mittelnaht sehr groß und im oberen Drittel des Achterlieks sehr gering sein muß. Daß eine solche Fock nur zusammen mit einem modernen Mittelbauch-Segel ihre volle Wirkung erlangt, dürfte nun klar sein.

Demnach bewähren sich natürlich auch die Vorzüge eines nicht nur in Längsschiffsrichtung, sondern auch in Querschiffsrichtung verstellbaren Holepunktes immer mehr. Zumal die neuen Segelformen auch im Winkel des Schotzuges nicht mehr mit den alten übereinstimmen. War bislang die imaginäre Verlängerung der Mittelnaht der Orientierungspunkt, so fährt man den Holepunkt jetzt zumindest bei leichten und mittleren Winden weiter nach vorne. Denn auch die Fock soll — in Übereinstimmung mit dem Großsegel — ein möglichst gleichmäßiges Kreisbogenprofil erhalten. Ein gutes Vorsegel wird aber trotzdem im oberen Achterlieksbereich offen bleiben. Im übri-

daß sich gerade keine Querfalten an Baum und Mast, beziehungsweise am Vorliek der Fock bilden. Bei sehr flauem Wetter machen sogar über das Großsegel verteilte Bauchfalten nichts aus, sofern sie nur möglichst gleichmäßig und strahlenförmig auf die Segelmitte zulaufen. Die Segel erhalten also die volle, vom Segelmacher hineingeschnittene Wölbung.

Der Mast wird steif und gerade oder über seine gesamte Länge ganz leicht gebogen

gen soll das Unterliek so tief geschnitten sein, daß es genau mit dem Deck abschließt. Dadurch kann der Druckwind auf der Luvseite des Segels nicht unter dem Unterliek hindurch auf die Sogseite des Segels gelangen, wodurch es sonst zu einem Druckausgleich käme, der die Gesamtvortriebskraft des Segels mindern würde.

Nach dieser kleinen Abschweifung aber wieder zur Praxis des Riggtrimms, wobei es in diesem Falle ziemlich egal ist, ob man ein Vogelflügel- oder ein Mittelbauch-Segel fährt. Er bleibt im Wesentlichen der gleiche. Also soll in jedem Fall die Wölbungstiefe der Segel voll zur Wirkung kommen. Das bedeutet, daß sowohl Vor- und Unterliek des Großsegels als auch das Vorliek der Fock so weit nachgelassen werden,

Zwei Möglichkeiten eines querschiffs verstellbaren Fockschot-Holepunktes zeigen diese zwei Bilder, oben auf einem Fireball, unten auf einem 470er.

Ein Großschot-Traveller ist heute auch bei leichtem Wetter nicht unnütz. Durch einen nach Luv geholten Schlitten (Bild) kann das Segel nämlich trotz engem Anstellwinkel des Großbaumes mit gut offenem Achterliek gefahren werden,

56

gefahren, falls das Großsegel sehr bauchig ist oder eine weit überlappende Genua einen Gegenbauch ins Großsegel wirft. In diesem Falle verringert die leichte Mastkurve die Profiltiefe im Großsegel um einige Zentimeter. Holt man aber die Großschot zum Kreuzen dicht, so bewirkt das bei einem weichen Mast möglicherweise schon eine zu starke Krümmung, weshalb man diese ganz leichte Kurve eher durch einen dichtgesetzten Großbaum-Niederholer hervorrufen sollte. Denn eine dichtgeholte Großschot übt einen Zug auf das Achterliek aus, der sich wiederum auf den Mast überträgt und dort eine Biegung verursacht. Die Großschot darf also nur dazu dienen, die Höhe des Baumes, also dessen Anstellwinkel nach oben (und damit den Zug auf das Achterliek), einzustellen, nicht aber den Anstellwinkel zur Querschiffsrichtung.

Dafür gibt es nämlich die Travellerschiene.

was gelegentlich nötig sein kann. Will man den Großbaum ohne Traveller so dicht zur Mittschiffslinie bringen, so würde der starke Zug über die Großschot das Achterliek zu sehr schließen (Bild oben).

Sie sorgt dafür, daß der Großbaum trotz relativ lockerer Großschotführung möglichst nahe an die Mittschiffslinie geholt wird, nämlich indem man den Schlitten auf der Schiene entsprechend nach Luv fährt. Und das muß bei Jollen, bei denen der Traveller über die Spiegelbreite läuft, stärker der Fall sein als bei Jollen mit Mittelschotführung. Auf diese Weise übt das Segel

Hier stimmt alles: der Gewichtstrimm nach vorne und nach Lee, und der Riggtrimm mit fast gerade gefahrenem Mast und Großbaum. Es herrschen hier etwa eineinhalb Windstärken.

keinen Zug über das Achterliek aus, der Mast bleibt also weitgehend gerade, der Anstellwinkel des Großbaumes ist aber durch den nach Luv geholten Traveller-schlitten eng genug, um maximale Höhe laufen zu können, was gerade bei leichtem Wind und glattem Wasser sehr wichtig ist. Die oberste Latte, die ja normalerweise bis zum Vorliek durchläuft, sollte weich sein und so in die Tasche gespannt werden, daß sie sich über ihre gesamte Länge harmonisch biegt. Ebenso darf auch die Fock bei diesem leichten Wind keinesfalls wie ein Brett dichtgeholt werden, egal ob das Wasser glatt ist oder ob nachstehende Dünung herrscht.

Maximaler Weg nach Luv ist aber auch bei leichtem Wetter von der richtigen *Segel-technik* abhängig. Viel wichtiger als man häufig annimmt, ist dabei die Ruhe im Boot. Jede unnötige und abrupte Bewegung läßt

Bei diesen knappen 2 Windstärken wird das vordere Boot zu stark nach Lee gekrängt. Alle drei noch kreuzenden Boote sollten außerdem weniger „Höhe knüppeln" und ihr Boot mehr „laufen lassen".

die Segel ins Schlagen geraten und beeinträchtigt den Strömungsverlauf am Unterwasserschiff, der gerade bei diesem Wetter möglichst nicht unterbrochen werden sollte. Der Steuermann wird außerdem stärkere Ruderbewegungen vermeiden und Kursänderungen so sanft und gefühlvoll wie möglich durchführen. Das Gleiche gilt auch für die Wenden, bei denen das Ruderblatt nur der Eigenbewegung des Bootes folgen soll. Denn bei etwas stärkerer Krängung wird die Jolle von sich aus über Stag gehen. Konzentrationsfähigkeit und Beobachtungsgabe spielen aber auf der Kreuz bei leichtem Wind eine nicht minder wichtige Rolle als gefühlvolles Steuern und richtiger Trimm. Denn gerade solche Wetterlagen sind mit häufigen Winddrehungen verbunden.

Während man bei glattem Wasser auf maximale Höhe fahren kann (was aufmerksames Steuern erfordert, da es bei den neuen Segelformen mit flacher Anschnittskante durchaus möglich ist, daß man bereits preßt und Höhe kneift, ohne daß dies durch ein einfallendes Vorliek an der Fock zu erkennen ist), sollten die Schoten bei nachstehender Dünung oder sonstiger Wellenbildung lockerer gefahren werden. Hier kommt es nämlich weit mehr noch als bei glattem Wasser auf ein tiefes, geschlossenes Profil an, weil das Kraft erzeugt, und Kraft braucht man, um die bremsenden Wellenschläge gegen den Rumpf leichter zu überwinden. Außerdem vermeidet man durch das etwas lockere Fahren der Schoten eine zu starke Übertragung der Bootsbewegung auf die Segel. Durch das dadurch bedingte vollere Kreuzen muß man zwar auch einen leichten Höhenverlust in Kauf nehmen,

doch größere Geschwindigkeit und damit auch geringere Abdrift kompensieren ihn allemal.

Kreuzen bei Mittelwind

Brist es auf 2 bis 3 Windstärken auf, also gerade kein Trapezwind, so treten in zunehmendem Maße andere dynamische Kräfte auf, die natürlich auch den *Bootstrimm* verändern. Die Reduzierung der benetzten Fläche tritt beispielsweise immer mehr in den Hintergrund. Stattdessen wird die Jolle jetzt in ihrem Standardtrimm gesegelt, also möglichst aufrecht (höchstens 5 Grad Krängung) und mit Gewichtstrimm auf dem Bootsschwerpunkt, also weitgehend in der Mitte. Das Schwert bleibt nach wie vor in senkrechter Stellung, es sei

Dieses Rigg ist für mittlere Windstärken mit relativ glattem Wasser gut getrimmt. Der Mast biegt sich harmonisch über seine ganze Länge, bedingt durch einen gut dichtgeholten Großbaum.

Und so sehen die Segel von achtern aus: Der nun schon einigermaßen starke Winddruck öffnet insbesondere bei schmalen, hohen Großsegeln wie auf diesem Boot das Achterliek zumindest bereits in der oberen Hälfte.

denn, die Jolle wird bereits leicht luvgierig. In diesem Fall kann das Schwert etwas hochgenommen werden, um dadurch seinem unteren Ende einen geringen Winkel nach achtern zu verleihen, der dafür sorgt, daß der Lateralschwerpunkt wieder mit dem Segelschwerpunkt übereinstimmt. Dagegen wird das Ruderblatt nun auf jeden Fall in die unterste Stellung gebracht, da die Jolle jetzt durch die erhöhte Geschwindigkeit auf Ruderbewegungen spontaner anspricht und deshalb den längeren Hebel-

arm nicht mehr benötigt.

Beim *Riggtrimm* kann der Mast nun allmählich zeigen, wie gut er mit dem Segel harmoniert. Der Großbaum, der in der Regel nach allen Seiten ziemlich steif sein sollte, wird jetzt über die Großschot strammer dichtgeholt als bei leichtem Wind, da durch die erhöhte Geschwindigkeit der scheinbare Wind spitzer einfällt und damit auch einen engeren Anstellwinkel des Großbaumes erfordert. Auch die Fock kann nun gut dichtgeholt werden, wobei der Hole-

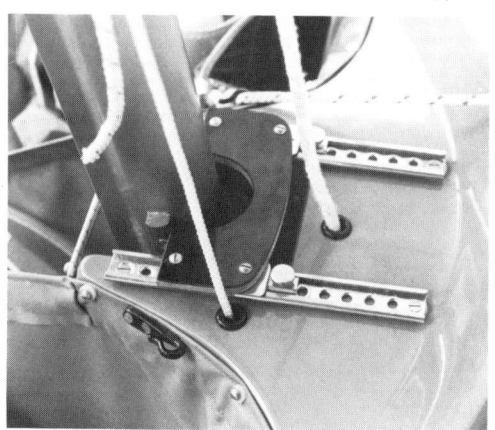

Mastkontroller in Deckshöhe sind heute eine der wichtigsten Trimmeinrichtungen auf modernen Leichtbaujollen. Auf dem Fireball links wird das bereits durch eine kurze Talje erreicht, die über zwei Umlenkblöcke durch zwei Kammklem-

men läuft. Soll der Mast gerade bleiben, wird die Talje einfach dichtgeholt. Rechts unten ein Mastkontroller auf einem 470er, und das Foto darüber zeigt eine der modernsten Verstellmöglichkeiten für den Mastfuß.

punkt wieder geringfügig zurückwandern sollte, also etwa in die imaginäre Verlängerung der Mittelnaht, oder bei Vorsegeln ohne Mittelnaht der Winkelhalbierenden des Schothorns.

Der nun stärker dichtgeholte Großbaum bewirkt über die Sehne des Achterlieks natürlich auch eine erhöhte Mastkrümmung, und die sollte im Topp sowohl zur Seite als auch nach achtern größer sein als im mittleren Mastbereich, denn hier kann man bei mittleren Winden noch eine Menge

Brist es auf 2 bis 3 Windstärken auf, so müssen analog zum dichtergeholten Großbaum auch die Lieken stärker gespannt werden, sonst gibt es wie auf dem oberen Bild Falten am Vorliek. Denn kontrolliert wird der Segelbauch vom Vor-

liek aus, und um wieviel flacher ein Segel bereits durch eine nur mäßig stärkere Vorliekspannung wird (ohne sonstige Veränderungen am Rigg) zeigen die unteren beiden Fotos.

Profil im Segel vertragen. Also muß die Biegung in den unteren zwei Mastdritteln entweder durch ziehende Salinge oder durch einen sogenannten Mastkurven-Kontroller in Grenzen gehalten werden. Diese Mast-Kontrollvorrichtung besteht insbesondere bei Sperrholzjollen lediglich aus simplen Holzklötzchen, mit denen man den Mast in seiner Decksdurchführung — je nach Wunsch — entweder am Biegen nach vorne hindert oder ihn freigibt. Kunststoffjollen mit mehr oder weniger freistehendem Mast haben an dieser Stelle dafür des öfteren Hebelmechanismen, bei denen sich durch Zug über Taljen dort die Mastbiegung beeinflussen läßt. Und die sollte man nicht unterschätzen, denn der Hebelarm vom Mastkurven-Kontroller zum Mastfuß ist im Vergleich zur übrigen Mastlänge sehr kurz, so daß bereits kleine Veränderungen die Biegung stark beeinflussen. In diesem Falle wird man bei einem sehr weichen Mast natürlich versuchen, ihn dort unten so weit unter Kontrolle zu halten, daß er nicht stärker biegt als erwünscht. Übrigens sollte man immer daran denken, daß Salinge und Mastkontroller in enger Wechselwirkung arbeiten. Im Gegensatz zu den Salingen läßt sich ein Mastkontroller auch während des Segelns bedienen.

Im Allgemeinen geht der Trend aber in Richtung „härtere Masten", so daß normalerweise der Zug über die Großschot die richtige Biegung hervorruft. Dazu kommt der stärkere Winddruck, der ebenfalls dafür sorgt, daß sich die Achterliekspartie etwas weiter öffnet und nicht mehr so weit nach innen kommt. Mit der richtigen Biegung ist es aber noch nicht getan, denn man würde sonst recht schnell feststellen, daß vom Großbaum zum Mast das ganze Segel von schräglaufenden Falten-

brücken durchzogen ist. Es muß also die Spannung der Lieken der Mastbiegung und dem Winddruck angeglichen werden. Da der Segelbauch vom Vorliek aus kontrolliert wird, sollte bei der Fock durch strammeres Dichtholen der Vorliekbändsel und beim Großsegel durch einen auf der Mastschiene entsprechend nach unten geholten Großbaum das Vorliek so weit gespannt werden, bis diese Falten verschwunden sind. Natürlich muß die Unterliekspannung beim Großsegel ebenfalls angeglichen werden.

Für diese Vorliekspannung gibt es beim Großsegel aber noch eine andere Vorrichtung, nämlich das sogenannte Cunningham-Hole. Das ist jene Kausch, die bei fast allen Segeln 10 bis 20 Zentimeter über dem Hals direkt hinters Vorliek gestanzt oder genäht ist. Über einen Tuchstrecker, der durch diese Kausch läuft (manchmal ist statt der Kausch sogar ein Block ins Segel genäht, damit der Reibungswiderstand geringer ist) läßt sich die Vorliekspannung mühelos auch während des Segelns verändern. Andernfalls muß man den Großbaum am Mast weiter nach unten fahren, was aber bei dichtgeholten Schoten oft recht anstrengend ist. Beim Durchholen des Cunninghams bilden sich am Hals zwangsläufig auch Falten, aber die stören in diesem Bereich nicht, weil durch Großbaum und Mast dort sowieso starke Turbulenzen auftreten. Zu „Ziehen" beginnt das Segel ohnehin erst weiter hinten. Das Resultat des Masttrimms läuft bei mittleren Winden bis etwa 3 Windstärken also auf ein Segel hinaus, dessen tiefster Profilpunkt zwar immer noch ziemlich in der Mitte liegt, der aber nunmehr durch die etwas stärkere Mastkrümmung etwas flacher geworden ist.

Was die *Segeltechnik* betrifft, so soll die Besatzung — wie bereits angesprochen — ihr Gewicht möglichst eng beisammen in der Bootsmitte konzentrieren, um weniger Windwiderstand zu bilden. Der Steuermann wird dabei so weit vorne sitzen müssen, daß er mit dem Pinnenausleger die Jolle gerade noch gut steuern kann, denn ein Saugen am Spiegel ist auch bei diesem Wetter unerwünscht. Das Boot läuft dann auch leichter durch die bereits ausgeprägteren Wellen. Jede stärkere Krängung ist zu vermeiden, denn das hätte nicht nur einen Geschwindigkeitsverlust durch erhöhte Luvgierigkeit zur Folge, sondern

auch eine Verringerung der projizierten Fläche des Lateralplanes; — oder mit anderen Worten: eine erhöhte Abdrift. Windschwankungen können meist noch durch normales Ausreiten an den Trimmgurten ausgeglichen werden. Die Besatzung kann jetzt auch voll auf Höhe fahren, außer es steht bereits (oder noch) eine ausgeprägte Welle. In diesem Falle also die Schoten nicht so dichtgeknallt, den Traveller eventuell sogar etwas nach Lee fahren, und etwas voller halten. Denn, wie bereits gesagt, was man hier braucht, ist Kraft nach vorn und nicht unbedingt maximale Höhe.

Dieses Boot wird mit vorbildlichem Mittelwind-Trimm gesegelt. Die Mannschaft sitzt eng beisammen in der Bootsmitte und fährt die gut auf dem Ruder liegende Jolle fast aufrecht. Die noch mit weitgehend voller Wölbungstiefe gefahrenen

Segel produzieren maximale Vortriebskraft. Die Drahtstropps zwischen den beiden Großschotblöcken und dem Großbaum verkürzen den Weg, den die Schot durch die Blöcke zu laufen hat.

Kreuzen bei starkem Wind

Der *Bootstrimm* dürfte bei diesem Wetter klar sein. Er läuft darauf hinaus, die Jolle unter allen Umständen so aufrecht wie möglich zu halten, — aber möglichst wenig auf Kosten der Geschwindigkeit. Denn was erhöhte Krängung bewirkt, ist bekannt: nämlich eine Abnahme der Lateralfläche mit gleichzeitiger Erhöhung der Luvgierigkeit, was wiederum auf bremsendes Gegenruder hinausläuft. Es bedeutet also auch stärkere Abdrift und damit nicht nur Verlust an Höhe, sondern auch an Vortrieb. Schwert und Ruder bleiben also bis zum Anschlag unten, es sei denn, man zieht es vor, das Boot auch an der Kreuz in einem Zustand des Halbgleitens zu fahren. In diesem Fall muß die Mannschaft den Gewichtsschwerpunkt nicht mehr oder weniger in der Bootsmitte halten, sondern wie beim Raumschotsgleiten nach achtern trimmen. Auch kann dann das Schwert etwas hochgenommen werden, weil man ja mit zunehmender Geschwindigkeit auf Lateralfläche verzichten kann. Außerdem sorgt das für die nötige Verlagerung des Lateralschwerpunktes nach achtern. (Warum und unter welchen Umständen ein Halbgleiten an der Kreuz wirksamer ist, wird im Abschnitt über Segeltechnik erklärt.)

Die Grundüberlegung für den *Riggtrimm* lautet: Je stärker der Wind, desto flacher und offener sollen die Segel sein. Und das funktioniert nur, wenn das Rigg flexibel genug ist, um sich der Kurvencharakteristik des Großsegels anzupassen; mit anderen Worten: Der Mast muß so viel Bauch aus dem Segel ziehen, wie es für die Mannschaft nötig ist, um die Jolle aufrecht zu halten. Und der springende Punkt bei der Sache ist, daß das

So wird's gemacht bei starkem Wind. Die Mannschaft trimmt in vorbildlicher Haltung und eng beisammen auf Höhe des Bootsschwerpunktes, der bei wenig Welle nur knapp achterlich der Bootsmitte liegen sollte. Die Jolle läuft ausge-

glichen und aufrecht eine sehr gute Geschwindigkeit. Der Steuermann hält den Pinnenausleger nur mit zwei Fingern, und man spürt förm-
lich, daß er keinerlei Ruderdruck auszugleichen
hat.

Segel auch dann noch seine optimale Form bewahrt und nicht überall Falten wirft oder sich gar verwindet. Wie bereits erwähnt, bringt der Bauch im Segel zwar mehr Geschwindigkeit und Höhe, aber mit zunehmendem Wind auch mehr Krängung, — und wenn die Mannschaft nicht mehr in der Lage ist, diese Krängung durch ihr Gewicht auszugleichen, bedeutet das Verlust an Fahrt und Höhe.

Die allgemeine Tendenz geht heute zwar eher in die Richtung „flachere Segel mit durchlaufendem Profil an härteren Masten", aber das ändert nichts an der Tatsache, daß der heute übliche, kreisbogenförmige Profilquerschnitt selbst bei einem flacheren Segel zwar den größten Vortrieb, aber dafür auch eine um so höhere Querkraft und damit auch einen größeren Krängungsdruck produziert. Und

Obwohl hier der Großschot-Traveller noch mittschiffs gefahren wird, hat diese Mannschaft ihr Boot gut unter Kontrolle. Nicht zuletzt auch durch das schmale, hohe Profil macht dieses Segel am Achterliek gut auf.

je höher dieser Krängungsdruck im Segel angreift, desto länger ist sein Hebelarm auf das Boot und um so größer natürlich die krängende Wirkung. Diesem Übel kann man nur mit einem Segel abhelfen, das sich bei härterem Wetter am Achterliek gut öffnet, um den Wind möglichst leicht wieder abfließen zu lassen, so daß der Krängungsdruck gar nicht erst zur Wirkung gelangt. Und die Kunst des Segelmachers besteht darin, ein Segel zu schneiden, dessen Achterliek sich bei entsprechendem Trimm kontinuierlich von oben nach unten öffnet. Denn logischerweise soll es mit der Öffnung da beginnen, wo der Krängungsanteil im Verhältnis zur Vortriebskraft am größten ist, also ganz oben. Das funktioniert aber nur in Verbindung mit der entsprechenden Mastkurve, und das bedeutet, daß dieser oben stärker biegen muß

Diese FD-Mannschaft fährt ihr Rigg im typischen Schwerwettertrimm, obwohl die Mastbiegung noch nicht extrem stark ist. Bei den heute üblichen harten Großbäumen ist aber die Großbaumkurve hier bereits das Maximum.

als in den unteren zwei Dritteln. Im übrigen Teil soll er stattdessen nur so stark biegen, wie es der Winddruck erfordert, also solange die Mannschaft das Boot noch aufrecht halten kann.

Das Ganze ist im Grunde eine ganz simple Rechnung, die so aussieht: Je stärker der Krängungsdruck, um so mehr Profil muß aus dem Segel gezogen werden, und zwar — wie bereits erklärt — kontinuierlich von oben nach unten. Man wird also stets darauf bedacht sein, wenigstens im unteren Drittel noch das wirksamste Profil zu bewahren, denn gerade hier ist der Vortrieb des Segels im Verhältnis zu seiner krängenden Wirkung am größten. Deshalb soll das Liek in diesem Bereich so lange geschlossen bleiben, wie man es nach oben zu noch öffnen kann.

Aus diesem Grunde ist auch ein relativ har-

Ist ein durchschnittlich steifer Mast nicht verstagt (wie auf diesem Fireball), so biegt er bei zunehmendem Wind im unteren Bereich zu stark nach vorne und nach Luv, und zwar alleine schon durch den starken Großbaumdruck.

ter Großbaum wichtig. Denn ein weicher tut genau das, was er nicht tun sollte: Er zieht im unteren Bereich das Profil aus dem Segel und sorgt hinten für eine Öffnung des Achterlieks, da er sich ja in der Mitte — im Bereich des Großschotansatzes — nach unten und an der Nock analog dazu nach oben und zur Seite biegt. Das Gegenteil, ein in der Mitte nach oben und an der Nock nach unten biegender Großbaum, ist aber noch schlechter. Das ist des öfteren bei Jollen der Fall, deren Schotführung vom Spiegel zur Baumnock läuft. Obwohl sich die Mittelschotführung schon seit Jahren immer wieder als praktischer und wirksamer erweist, gibt es trotzdem immer noch genug Jollen mit Schotführung über Baumnock und Spiegel.

In der Praxis sieht das Ganze also so aus: Bei 4 Windstärken und darüber werden

Das gleiche kann auch passieren, wenn die Salinge nicht richtig eingestellt sind wie auf diesem Bild. Das Ergebnis ist ein stark verwundenes Segelprofil, das viel von seiner Wirksamkeit eingebüßt hat.

Vor- und Unterliek des Großsegels und das Vorliek der Fock zunächst stramm durchgesetzt. Der Holepunkt der Fock liegt dabei in der imaginären Verlängerung der Mittelnaht, oder sogar noch etwas weiter achtern, falls zu starker Winddruck eine bessere Öffnung des Achterlieks erfordert. Beim Großsegel sorgen ein dichtgeholtes Vor- und Unterliek — in Verbindung mit der Mastbiegung — für ein flacheres und sich am Achterliek öffnendes Profil. Darüber hinaus bilden die gespannten Lieken eine zusätzliche Sicherung dafür, daß der (flach gezogene) Bauch nicht doch über die Mitte nach achtern wandert.

Der Mast muß also zunächst einmal im Topp weich genug sein, um dort so weit nach Lee und achtern biegen zu können, daß das obere Drittel des Achterlieks sich gut öffnen kann. Das beseitigt schon einen ganz beträchtlichen Teil des Krängungsdruckes, aber nur einen verhältnismäßig geringen Anteil an Vortriebskraft. Je stärker der Wind wird und je weniger die Mannschaft die Jolle aufrecht halten kann, um so weiter muß die Achterlieksöffnung nach unten wandern. Dafür sorgt eine verstärkte Mastkrümmung nach vorne im Bereich der ersten zwei Mastdrittel, also vom Vorstagansatz nach unten. Das bewirkt nicht nur eine Abflachung des Profils, sondern eine gleichzeitige Öffnung des Achterlieks in diesem Bereich.

Bei einem harten Mast, der möglicherweise

Nur oberhalb des Vorstagansatzes sollte der Mast auch nach Lee biegen. Das bewirkt dann eine harmonische Öffnung des Segels im oberen Achterlieksbereich, wo es bei zunehmendem Wind auch zuerst öffnen sollte.

nicht genug biegt, erreicht man die nötige Kurve am besten durch nach achtern gepfeilte, auf Druck gesetzte Salinge. Bei einem weichen Mast dagegen, der zu stark biegt, werden am ehesten auf Zug eingestellte Salinge den Überschuß an Biegung verhindern. Werden Diamonds gefahren, so kann man mit ihnen in erster Linie vermeiden, daß der Mast in Querschiffsrichtung biegt, es sei denn, sie sind leicht nach vorne gepfeilt. In diesem Falle läßt sich der Mittelbereich des Mastes auch in seiner Längsschiffsbiegung bis zu einem gewissen Grad beeinflussen. Die Nachteile der Diamonds wurden aber bereits genannt. Sie fixieren den Mast zu starr über seine ganze Länge, wodurch er seine Eigenela-

Bei Einmannjollen wie dem Finn-Dinghy fehlt der aufrichtende Hebelarm des Trapezmannes. Deshalb muß der Großschot-Traveller bereits ab etwa 3 Windstärken nach Lee gefahren werden. Finn-Dinghy-Segler brauchen viel Kraft und Kondition.

Unterhalb des Vorstagansatzes sollte der Mast dagegen nur nach vorne biegen, und nicht zur Seite. Wenn der Mast indessen zu steif ist und nicht genügend nach vorne biegt, so passiert *das Gleiche wie auf diesem Bild: Das Segel bleibt zu bauchig, verwindet, und gerät bei starkem Wind völlig aus der Form. Auch das Achterliek der Fock schließt auf diesem Boot zu stark.*

stizität zum großen Teil einbüßt und daher die Wellen nicht gut genug abfedern kann. Zur Kontrolle der Mastbiegung in der Längsschiffsachse dient natürlich auch der Mastkurven-Kontroller, wobei man stets darauf achten sollte, daß er mit den Salingen in enger Wechselwirkung steht, das heißt, der Kontroller soll genau das bewirken, was die beim Segeln nicht veränderbaren Salinge nicht können. Er dient also in erster Linie der Feineinstellung.

Erst wenn das Wetter ganz grimmig wird, kann auch das letzte Drittel des Achterlieks zum Öffnen gebracht werden, und zwar durch eine verstärkte Biegung des Mastes auch im unteren Bereich. Das geschieht durch den Mastkontroller, beziehungsweise einen stramm dichtgesetzten Großbaum-Niederholer, und wenn das nicht reicht, können auch noch die Großschotblöcke am Baum weiter nach achtern versetzt werden, wodurch sich dessen Druckkomponente auf den Mast verstärkt. Spätestens in die-

Auf diesem Korsaren wurde der Großschot-Traveller nicht genügend nach Lee gefahren, weshalb das Boot zu stark krängt. Um das zu vermeiden, muß der Steuermann „pressen" und „Höhe kneifen", wodurch das Boot aber stark

ser Situation wird man dann nicht selten feststellen können, daß der Mast stärker biegt als es der Segelschnitt verträgt. Zu erkennen ist das an den Falten, die von der Baumnock aus strahlenförmig auf den zu weichen Mastbereich zulaufen. Seine Biegungscharakteristik stimmt in diesem Falle nicht mehr mit der Vorlieksrundung des Segels überein. Mehr Profiltiefe ist jetzt aus dem Segel nicht mehr herauszuholen.

Aber auch die richtige *Segeltechnik* erfordert bei diesen Verhältnissen bereits echte Spezialisten. Die Besatzung hat jetzt zusätzlich nämlich noch die Aufgabe, ein möglichst reaktionsschnelles und wendiges Gegengewicht zum Winddruck zu bilden, so daß die Jolle weitgehend aufrecht läuft. Deshalb werden beide so weit und so lange wie möglich außenbords trimmen, — der Trapezmann in einem bequemen, gut sitzenden Gurt im 85- bis 90-Grad-Winkel zum Mast, und der Steuermann in kraftsparender, aber wirksamer Ausreitposition in Trimmgurten, die genau auf die richtige Länge eingestellt sind. Um den Windwiderstand gering zu halten, sollten beide möglichst dicht hintereinander in einer Linie ausreiten, und zwar auf Höhe des Bootsschwerpunktes. Der hängt wiederum bis zu einem gewissen Grad von der jeweiligen Technik ab, in der man kreuzt. Will man beispielsweise das Vorschiff entlasten, um — wie es immer häufiger praktiziert wird — auch auf der Kreuz einen Zustand des Halbgleitens zu erreichen, so wird die Mannschaft weiter achtern trimmen, um auch den Gewichtsschwerpunkt dorthin zu verlagern. Diese Technik empfiehlt sich insbesondere für leicht gebaute Jollen mit etwas schwereren Mannschaften, die das Boot noch gut aufrecht halten können. Wird normal auf Höhe gekreuzt, also vorwie-

an Geschwindigkeit verliert. Und das bewirkt nicht nur eine erhöhte Abdrift, sondern auch eine größere Kentergefahr, weil mit der Geschwindigkeitsabnahme auch die dynamische Stabilität des Bootskörpers abnimmt.

gend mit schweren Jollen, so sollte der Gewichtsschwerpunkt etwas achterlich der Bootsmitte liegen.

Am vorteilhaftesten ist das Halbgleiten beim Kreuzen im Seegang. Falls man nämlich hier zu sehr auf Höhe läuft, umso direkter schneidet man die Wellen an und rennt sich darin fest, da die Wellenbildung ja ungefähr im rechten Winkel zur Windrichtung verläuft. Durch leichtes Abfallen und gleichzeitigen Gewichtstrimm nach achtern wird der Anschnittwinkel günstiger, der Bug hebt sich somit leichter auf die Wellen und die Geschwindigkeit wird wesentlich höher. Rollen dagegen eine oder mehrere besonders hohe Wellen an, so kann es durchaus günstiger sein, die Jolle ganz hoch an den

Das Fieren in Böen sollte, wenn unvermeidbar, mit dem Großsegel und nicht mit der Fock geschehen. Denn sonst erhöht sich die Luvgierigkeit noch mehr, da der Schwerpunkt des Winddruckes weiter nach achtern wandert.

Wie wichtig die aufrechte Schwimmlage bei starkem Wind ist, demonstriert dieses Bild in krassester Form. Die Krängung bewirkt durch die plötzliche Abnahme an Lateralfläche eine starke Abdrift, und das bedeutet nicht nur Verlust an Höhe, sondern auch verschenkte Geschwindigkeit, weil der erhöhte Winddruck nicht in Vortrieb umgewandelt wird.

Wind zu bringen, dadurch Fahrt aus dem Schiff zu nehmen und sich auf diese Weise sanft über die Welle tragen zu lassen. Ist die Wellenbildung dann wieder normal, so kann man erneut etwas abfallen und voll auf Geschwindigkeit fahren. Äußerst wichtig ist bei der Kreuztechnik bei hartem Wetter, daß Fock und Großsegel möglichst synchron, also im gleichen Anstellwinkel, gefahren werden. Das ist einer der Gründe dafür, warum gerade bei so hartem Wetter Steuermann und Vorschotmann gut aufeinander eingespielt sein müssen. Daß man für die Wende möglichst eine Zone ruhigerer Wellenbildung abwartet, dürfte sich von selbst verstehen.

Was den Anstellwinkel der Segel betrifft, so läuft die Technik praktisch auf ein ständiges Spielen mit Schot und Traveller hinaus. Bei Jollen ohne Traveller kann ein stramm dichtgesetzter Großbaum-Niederholer zwar bis zu einem Grad dessen Funktion ersetzen, doch ist er neben der schwächeren Wirkung auch weit umständlicher zu bedienen. Das für eine Traveller-Schotführung charakteristische, ständige Spielen mit Höhe und Querschiffsanstellwinkel des Großbaumes ist mit dem Niederholer ohnehin nicht möglich, da der Vorschotmann ja ständig im Trapez steht und ihn somit erst bei den Wenden bedienen kann. Es geht also darum, stets den günstigsten, allerdings ständig variierenden Kompromiß zwischen leichtem Fieren der Schot und einem nach

Die Technik des Halbgleitens auf der Kreuz wird heute zumindest bei ausgeprägter Welle auf fast allen modernen Rennjollen praktiziert. So wie auf diesem Bild sieht dann der Gewichtstrimm aus.

Lee fahren des Travellers zu finden.

Knallt man nämlich insbesondere im Seegang die Schoten einfach dicht und gleicht die Böen durch ein Fieren des Travellers aus, wie das immer noch häufig der Brauch ist, so passiert fast das Gleiche wie bei stramm eingespannten Diamonds: Der Mast verliert seine Eigenelastizität, kann dadurch die Bootsbewegungen nicht mehr ausgleichen und die Jolle stampft sich schnell in der Welle fest. Außerdem wird das Segelprofil zu flach, wodurch die Kraft im Segel verlorengeht, und Kraft, so haben wir bereits gehört, ist bei Welle wichtiger als ein nur auf Geschwindigkeit getrimmtes Segel. Also lieber einen vernünftigen (allerdings nur empirisch zu ermittelnden) Kompromiß

zwischen beiden, so daß der Mast die Wellen noch einigermaßen gut abfedern kann. Als Anhaltspunkt kann dienen, daß man bei viel Welle eher die Schot etwas mehr und den Traveller etwas weniger fiert, wogegen man bei wenig Welle eher umgekehrt vorgeht. Auch wenn die Jolle stark luvgierig ist, wird die Entscheidung eher zu Gunsten eines weiter nach Lee gefahrenen Travellers ausfallen. Kenterungen sind an der Kreuz relativ selten und durchaus vermeidbar, da sich die Jolle auf diesem Kurs auch bei hartem Wetter gut unter Kontrolle halten läßt. Kritisch wird es allenfalls bei besonders spitz einfallenden Böen, wie das auf Binnenseen oder auf See bei ablandigem Wind unter einer Steilküste häu-

Durch die Technik des Halbgleitens — natürlich verbunden mit leichtem Abfallen — schneidet der Bug nämlich die Wellen günstiger an. Andernfalls stampft das Boot hart in jede Welle, *was natürlich auch einen Geschwindigkeitsverlust und damit höhere Abdrift zur Folge hat. Außerdem kommt auch — wie das Bild zeigt — wesentlich mehr Spritzwasser über.*

fig der Fall ist. Da heißt es dann, blitzschnell abfallen, ehe man nach Luv zu Bach geht. Anschließend kann man dafür umso stärker hochziehen, denn in Böen raumt der Wind ja bekanntlich, da der wahre Wind im Vergleich zum scheinbaren Wind stärker geworden ist.

Diese Jolle kommt nicht durch den Wind und treibt rückwärts. Der Steuermann versucht verzweifelt, seine Snipe durch hartes Ruderlegen auf den anderen Bug zu bekommen. Und der Vorschotmann holt die Fock bereits auf der anderen Seite back, was jedoch genau das Falsche ist. In so einem Fall hilft nur eines: Der Steuermann muß das Großsegel dichtnehmen und das Ruder mittschiffs halten, bis die Jolle von selbst auf den neuen oder alten Bug wendet. Eine solche Situation passiert häufig bei starkem Wind vor dem Start zu einer Regatta oder an der Kreuz, wenn man wenden will, aber nicht genug Fahrt im Schiff hat. Im Zweifelsfalle also lieber vor der Wende kurz abfallen und mehr Fahrt aufnehmen und dann — möglichst aber nicht in die größte Welle — mit Schwung durch den Wind. Dabei sollte man es aber möglichst nicht so machen wie auf diesem FD (links). Hier holt der Vorschotmann die Fock bereits auf die andere Seite, noch ehe das Boot im Wind liegt. Er müßte vielmehr warten, bis der Bug genau in die Windrichtung zeigt und die Fock von selbst auf die andere Seite will.

74

Trimm und Technik auf raumen Kursen

Geht es beim Kreuzen eher darum, den idealen Kompromiß zwischen maximaler Geschwindigkeit und größtmöglicher Höhe zu finden, so hat man es auf raumen Kursen zumindest in dieser Hinsicht leichter: Im Vordergrund steht hier nämlich ausschließlich die Geschwindigkeit. Auf Konzessionen zugunsten anderer Faktoren, wie dem Höhengewinn beim Kreuzen, kann man also verzichten. Demzufolge sind die Möglichkeiten, schneller am Ziel zu sein als der andere, zumindest bei leichtem und mittlerem Wind geringer und differenzierter als an der Kreuz. Ab einer gewissen Windstärke jedoch, nämlich sowie Gleitbedingungen auftreten, sind die Chancen für einen Geschwindigkeitsgewinn dafür um so größer, denn nun laufen die Jollen mit Höchstgeschwindigkeit. Der Unterschied

zwischen guter und sehr guter Segeltechnik kann jetzt ohne weiteres innerhalb weniger Minuten 50 bis 100 Meter ausmachen. Natürlich spielt dabei auch ein gut getrimmtes Boot eine wichtige Rolle, aber im Vergleich zu wirklich ausgefeilter Segeltechnik ist die relativ bescheiden. Daß es auch in einem Lehrbuch nahezu unmöglich ist, die hohe Schule der Technik exakt zu erklären, dürfte einleuchten. Denn man kann nicht mit wenigen, abstrakten Sätzen etwas vermitteln, was in erster Linie eine reine Gefühls- und Intuitionssache ist und neben der nötigen Veranlagung eine jahrelange Erfahrung voraussetzt. Daß die neben den Trimmanweisungen angeführten technischen Erläuterungen also nicht mehr sein können als eine Anleitung für die eigene Arbeit, dürfte demnach sicher auch dem Begabtesten einleuchten.

Raumschots bei leichtem Wind

Reduzierung der benetzten Fläche: so lautet bei leichtem Wind auch auf raumen Kursen das Motto für den *Bootstrimm.* Also das Gewicht so weit nach vorne, bis der Spiegel voll aus dem Wasser taucht, und die Jolle leicht gekrängt. Schwert und Ruder können nun jeweils fast um die Hälfte ihres Anstellwinkels hochgenommen werden, auf halbachterlichen Kursen etwas mehr als auf spitzen Raumschotskursen. Der *Riggtrimm* ist auch nicht sonderlich kompliziert. Der Mast wird gerade gefahren und Vor- und Unterliek des Großsegels und das Vorliek der Fock werden so weit nachgelassen, bis die Segel ihre volle Wölbung erhalten. Am Vorliek des Großsegels dürfen sogar — außer auf sehr spitzen Raumschotskursen — leichte Querfalten auftreten. Der Holepunkt der Fock liegt

Manche Vorschotleute ziehen es vor, auch bei leichtem Wind den Spinnaker aus dem Trapez zu fahren, wobei der Steuermann natürlich in Lee sitzen muß (Manche Steuerleute sitzen aber auch lieber in Lee, weshalb der Vorschotmann *ins Trapez muß). So mancher kann auf diese Weise aber nicht nur den Spinnaker besser kontrollieren, sondern auch die Trimmlage des Bootes besser ausbalancieren.*

etwa in der Verlängerung der Mittelnaht oder bei sehr leichtem Wind sogar etwas davor. Der Großschotschlitten wird auf dem Traveller ganz nach Lee gefahren, der Großbaum-Niederholer ist nur leicht angeholt.

Etwas komplizierter wird es schon mit der Segeltechnik, vor allen Dingen dann, wenn der Spinnaker gesetzt wird. Falls man keinen fährt, werden Fock und Großsegel jeweils so weit gefiert, daß sie am Vorliek gerade nicht einfallen. Wird der Spinnaker gesetzt, so kann man die Segel insbesondere auf spitzen Raumschotskursen etwas dichter nehmen als ohne Spinnaker, denn der wirft sonst zu viel Abwinde in die Segel. Die Fock bleibt, solange sie einigermaßen gut zieht, auf jeden Fall stehen.

Erst wenn der Wind sehr leicht wird, also etwa eine Windstärke und darunter, kann man die Fock mit einem kurzen Bändsel zusammenbinden oder, was weit praktischer ist, mit einem Fockwickler einrollen. Da hat man dann nämlich noch die Möglichkeit, das letzte Drittel des Tuches stehenzulassen, was häufig recht vorteilhaft ist.

Auf diesen Kursen wird der Steuermann fast immer in Lee und der Vorschotmann in Luv vor dem Want sitzen oder sogar stehen, um den Spinnakerbaum aus der Hand zu fahren. Denn so kann er dieses Segel gefühlvoller und genauer bedienen als mit eingehaktem Spinnakerbaum-Niederholer. Er fährt also den Baum so hoch, daß das Luvliek locker die Spinnakerwölbung be-

Trimm und Technik sind auf diesem Boot sehr gut den flauen Windverhältnissen angepaßt. Der FD wird nach vorne getrimmt und leicht gekrängt, das Ruderblatt ist etwas nach achtern angewinkelt. Die Fock wurde eingerollt und

stört deshalb die Windströmung am Spinnaker nicht, der auf diesem FD noch gut zieht, obwohl er bereits hart an seiner Wirksamkeitsgrenze gefahren wird.

tont, und bedient mit der anderen die Leeschot. Die sollte er wiederum immer so weit nachlassen, bis das Luvliek des Spinnakers kurz vorm Umkippen ist. Denn gerade auf spitzen Raumschotskursen kommt es immer darauf an, daß der Spinnaker das Boot nicht einfach zur Seite drückt, sondern echten Vortrieb erzeugt.

Der Grenzbereich, in dem die heute üblichen flachen Spinnaker noch mehr Vortrieb erzeugen als die Fock alleine, ist indessen nur durch Erfahrung zu ermitteln, denn er wird vom Zusammenwirken mehrerer Faktoren bestimmt. Die wichtigsten sind Form und Stabilitätsverhältnisse des jeweiligen Bootes, die Windstärke, der Schnitt des Spinnakers und natürlich die Erfahrung und das Können der Mannschaft. Dieser Grenzbereich variiert in der Regel um etwa zehn Grad, wobei ein 60-Grad-Kurs in den meisten Fällen das Maximum darstellt. Normalerweise wird man mit einer großen Genua, wie sie beispielsweise der FD besitzt, den Spinnaker eher bergen als mit einer normalen Fock. Als Orientierungspunkt kann aber gelten, daß der Spinnaker spätestens dann geborgen werden sollte wenn der Spinnakerbaum bereits das Vorliek der Fock berührt und die Leeschot so dicht gefahren werden muß, daß das Unterliek des Spinnakers Spannung erhält und nicht mehr locker dessen Wölbung betonen kann. Abgesehen davon ist es ohnehin wirksamer, in so einem Grenzfall zuerst mit Spinnaker etwas abzufallen, so daß er mit Sicherheit mehr Vortrieb erzeugt als die Fock alleine, dann den Spinnaker zu bergen und dafür die zweite Hälfte nur unter Fock stärker hochzuziehen. Auch auf Raumschotskursen bei leichtem Wind gilt: So sanft und gefühlvoll wie möglich steuern und ruhig verhalten.

Raumschots bei Mittelwind

Allroundregel für den *Bootstrimm* in diesem Falle: Die Jolle so weit nach vorne trimmen, bis das Wasser am Spiegel glatt abreißt; den Krängungswinkel so weit verringern, bis die Jolle aufrecht läuft; das Schwert nach wie vor im 40- bis 50-Grad-Winkel belassen, das Ruderblatt dagegen bis zu etwa 60 Grad senken.

Der *Riggtrimm* ist bei diesem Wetter auch noch relativ unkompliziert. Der Mast erhält nun lediglich durch einen dichtgesetzten Großbaum-Niederholer eine ganz leichte Biegung über seine ganze Länge, damit der Bauch um ein paar Zentimeter flacher wird und der Spinnaker auf spitzen Raumschotskursen nicht so schnell einen Gegenbauch ins Großsegel drückt. Die Lieken bleiben nach wie vor lose, wenn auch nicht mehr ganz so locker wie vorher. Der Holepunkt der Fock liegt neutral in der Mittelnahtverlängerung, der Großschottraveller bleibt ganz in Lee.

Bei diesen Verhältnissen kann die Fock noch gut stehen bleiben, zumal es sich hier um keine weit überlappende Genua wie beim FD handelt. Je weiter die Fock überlappt, umso eher sollte sie im Zweifelsfall geborgen werden.

77

In der *Segeltechnik* sind jetzt bereits diejenigen gut dran, die einige Tricks beherrschen. Beispielsweise den, wie man eine Jolle bei knappen 3 Windstärken ins Gleiten bringt. Das ist in erster Linie eine Frage wirkungsvollen Zusammenspiels von Steuermann und Vorschotmann, wobei der Vorschotmann in diesem Falle fast die wichtigere Rolle spielt, denn nur durch seine richtige Spinnakerarbeit in Verbindung mit einem rhythmischen Bewegungsablauf ist die Jolle in der Lage, aus der reinen Verdrängungsfahrt in den Gleitzustand überzugehen.

Der Trick, der dazu nötig ist, sieht etwa so aus: Der Vorschotmann sitzt, bereits ins Trapez eingehakt, auf dem Luvdeck und fährt in einer Hand die Leeschot und in der anderen die Luvschot des Spinnakers, dessen leicht nach oben weisender Spinnakerbaum durch den eingehakten Niederholer in diesem Winkel fixiert wird. Nun beginnt der Steuermann leicht zu luven und die Großschot etwas dichter zu nehmen, wodurch die Jolle zu krängen beginnt, während der Vorschotmann — den Spinnaker aufmerksam bedienend — zwar bereits im Trapez hängt, aber noch in der Hocke verweilt. Was nun kommt, läuft praktisch gleichzeitig ab. Der Vorschotmann drückt sich voll ins Trapez, reißt den Spinnaker mit beiden Schoten etwas dichter, während der Steuermann ruckartig abfällt und beide ihr Gewicht dabei etwas nach achtern verlagern, so daß der Bug herauskommt. In diesem Augenblick, da die Jolle gleichzeitig abfällt und sich aufrichtet, ist das Boot durch diese zusätzlichen Vortrieb schaffenden Komponenten in der Lage, aus der Verdrängungsfahrt in den Gleitzustand überzugehen. Am Zusammenwirken von Steuermann und Vorschotmann liegt es

Der wirkungsvollste Spinnakerstand ist immer der geglückteste Kompromiss zwischen weitgehendem Fieren der Leeschot und einem Dichternehmen des Achterholers. Die Ansichten gehen da oft weit auseinander (siehe Bild).

dann, diesen Zustand durch rhythmisches Abfallen und Anluven möglichst lange zu halten.

In einer Regatta wäre es so beispielsweise möglich, gegenüber den Booten, die sich aus der Verdrängungsfahrt nicht lösen können, Vorsprünge von der halben Distanz der Bahnlänge herauszufahren. Daß leichte Mannschaften dabei im Vorteil sind, liegt auf der Hand. Bei Regatten wird diese Technik — allzuoft und auffällig ausgeführt — aber oft als „Pumpen" aufgefaßt, und das ist gemäß den Wettsegelbestimmungen verboten. Man muß sich also entweder eine unauffällige Variante einfallen lassen, oder es eben nur so zum Spaß praktizieren. Am vorteilhaftesten — und durchaus legitim — ist diese Technik aber bei Grenzwindstärken, wo die Jolle gerade noch nicht ins Gleiten kommt.

Dieses Boot könnte bei den rund 3 Windstärken schon gut gleiten. Dazu müßte die Mannschaft aber zunächst einmal ihr Gewicht weiter nach achtern verlagern. Außerdem sollten die Segel aufmerksamer gefahren werden, denn der Spinnaker steht viel zu dicht, wie das wesentlich weiter aufgefierte Großsegel zeigt. Der 505er (Bild oben) wird mit einer für Raumschotskurse (bei etwa 3 bis 4 Windstärken) ungewöhnlich starken Mastbiegung gefahren.

Durch diese kleine Nachhilfe kann die Jolle durchaus einen Raumschenkel lang gleiten, während die anderen noch in der Verdrängungsfahrt stecken. Wie gesagt, das Gewicht der Besatzung spielt da eine entscheidende Rolle. Ist keine Gleitmöglichkeit gegeben, so fährt die Mannschaft die Jolle weitgehend so wie bei leichtem Wind, allerdings fast aufrecht.

Raumschots bei starkem Wind

Der *Bootstrimm* läuft unter diesen Bedingungen logischerweise wieder darauf hinaus, die Jolle möglichst aufrecht zu halten und den Bug aus dem Wasser zu heben, da ja durchweg Gleitbedingungen herrschen; also Gewichtsverlagerung nach achtern. Der auf diesem Kurs oft recht ausgeprägten Tendenz zur Luvgierigkeit wirkt neben der möglichst aufrechten Lage auch noch ein leicht hochgenommenes Schwert entgegen, denn es verlagert sich dadurch — wie wir ja bereits wissen — nicht nur der Anstellwinkel, sondern gleichzeitig auch der Lateralschwerpunkt nach achtern (Richtwert für den Anstellwinkel des Schwertes: 45 Grad). Das ist indessen nur möglich, weil das Boot bei diesen Geschwindigkeiten praktisch keine Abdrift hat. Das Ruderblatt muß dagegen jetzt ganz nach unten in die senkrechte Stellung.

Für den richtigen *Riggtrimm* werden nun Vor- und Unterliek des Großsegels und das Vorliek der Fock fast so stramm dichtgesetzt wie auf der harten Kreuz, um ein flacheres Profil zu erhalten. Bei richtig hartem Wetter braucht man sich dagegen nicht auch noch die Mühe machen, nach der Kreuz die Lieken eine Idee nachzugeben,

Diese Mannschaft demonstriert einen idealen Bootstrimm für schnelle Raumschotskurse. Der Bug kommt etwa bis zum Mast aus dem Wasser und der Vorschotmann balanciert das Boot so aus, daß es auf ganz ebenem Kiel läuft.

denn unter diesen Bedingungen läuft man so und so Höchstgeschwindigkeit. Analog dazu muß natürlich auch der Mast mehr Biegung erhalten, und da die wirksamste Einrichtung dafür, nämlich starker Großschotzug nach unten, aufgrund des größeren Großbaum-Anstellwinkels nach außen einiges von seiner Wirksamkeit einbüßt, wird — und muß — die Biegung auch nicht so ausgeprägt sein wie auf der harten Kreuz. Durch entsprechend eingestellte Salinge und Mastkontroller, in erster Linie aber durch einen stramm dichtgesetzten Großbaum-Niederholer wird man also die gewünschte Biegung erhalten. Der Niederholer hindert dabei gleichzeitig den Großbaum am Steigen und ist somit der Hauptgarant für ein möglichst flaches Profil. Denn der Anstellwinkel des Großbaumes nach außen ist, außer auf ganz spitzen Raumschotskursen, schon so groß, daß auch der Schotzug über den ganz nach Lee gefahrenen Travellerschlitten den Großbaum

Der Mast sollte auf schnellen Raumschotskursen über seine ganze Länge leicht nach vorne biegen (auf spitzen Raumschotskursen mehr als auf halbachterlichen), zur Seite aber möglichst steif bleiben (Foto links). Der 505er auf dem

weitgehend nur mehr nach innen, nicht aber nach unten zieht. Der Großbaum-Niederholer spielt also in diesem Fall eine bedeutende Rolle.

Die richtige *Segeltechnik* auf schnellen Raumschotskursen bringt jetzt nicht nur die höchsten Geschwindigkeiten und am meisten Spaß, sondern ist auch am schwersten zu erlernen, zumal dann, wenn der Spinnaker gesetzt wird. Die Besatzung muß nun weitgehend erfühlen, wann das Boot seine beste Trimmlage und den wirksamsten Gleitwinkel besitzt, denn nur dann läßt sich auch die Höchstgeschwindigkeit herausholen. Durch ständigen Gewichtstrimm muß der günstigste Gewichtsschwerpunkt gefunden werden, wobei der Steuermann durch entsprechendes Arbeiten mit der Großschot die Bemühungen des Trapezmannes um aufrechte Lage zu unterstützen hat. Wichtig ist dabei, daß das Fieren oder Dichterholen von Groß- und Fockschot möglichst synchron abläuft. Und das ist wieder in hohem Maße davon abhängig, wie gut Steuermann und Vorschotmann aufeinander eingespielt sind. Um ein unnötiges Mitschleppen von totem Ballast durch Spritzwasser zu vermeiden, sollten bei Jollen ohne offenen Spiegel und Doppelboden die Lenzventile geöffnet werden. Mehr oder weniger besteht ein schneller Raumschotskurs — zumindest bei sehr böigem Wind — aus einer ständigen Folge von Abfallen und Hochziehen. Abgefallen wird jeweils dann, wenn eine Bö einfällt. Der Steuermann fiert natürlich gleichzeitig die Großschot, während der Vorschotmann im Trapez den Spinnaker so weit wie möglich aus dem Störungsbereich der Fock nach Luv holt, so daß er maximalen Vortrieb erzeugt. Die Fock bleibt bei diesen Bedingungen grundsätzlich stehen, wobei man sie

Bild rechts oben wird bereits auf so spitzem Kurs gesegelt, daß der Spinnaker keinen Vortrieb mehr erzeugt, sondern das Boot nur mehr zur Seite drückt und dadurch erhöhte Krängung bewirkt. Die Jolle rechts unten segelt den glei-

chen Kurs ohne Spinnaker und läuft weitaus besser. Das Foto auf der nächsten Doppelseite zeigt ebenfalls einen 505er, auf dem die Mannschaft aber weiter achtern trimmen müßte, um den Bug besser aus dem Wasser zu heben.

Das Großsegel wird vom stramm durchgesetzten Großbaum-Niederholer flach gehalten und erzielt somit seine größte Wirksamkeit. Der Spinnakerbaum sollte aber nicht an der Fock anliegen.

in einem der durchschnittlichen Windeinfallsrichtung entsprechenden Anstellwinkel fixiert und die Schot in der Klemme belegt, so daß sich der Vorschotmann auf den Spinnaker konzentrieren kann.

Der Niederholer sollte den Spinnakerbaum dabei in einem Winkel fixieren, in dem das Luvliek nicht gespannt ist, sondern der dem Spinnaker so viel Wölbung verleiht, wie er für seinen wirksamsten Stand benötigt. Meist wird der Baum also um 10 bis 15 Zentimeter nach oben angewinkelt. Ein ganz guter Vorschotmann wird auch bei hartem Wetter vom Trapez aus stets versuchen, den Spinnaker nicht nur am Einfallen zu hindern, sondern ihn auch immer wieder so weit wie möglich vom Störungsbereich der Fock freizuhalten, indem er die Leeschot

ständig so weit fiert, bis das Luvliek kurz vorm Umkippen ist. Am besten funktioniert das natürlich, wenn er auch die Luvschot aus der Hand fährt, denn dann kann er den idealen Kompromiß zwischen weitgehendem Fieren der Leeschot und einem Dichternehmen des Achterholers herausfinden. Das Ganze ist aber so anstrengend und verlangt derart viel Kondition, daß es von einem durchschnittlich trainierten Segler kaum zu bewältigen ist. Wenn der Wind also nicht übermäßig böig und richtungsschwankend ist, kann er die Luvschot durchaus belegen, wobei der Spinnakerbaum so fixiert werden sollte, daß er den Spinnaker — abgestimmt auf den jeweiligen Kurs — noch am wirksamsten ziehen läßt. Zumindest bei Jollen mit größeren

Hier hat der Steuermann nicht schnell genug auf die einfallende Bö reagiert. Die Jolle ist ihm deshalb aus dem Ruder gelaufen, krängt stark, und der Vorschotmann hat aus lauter Panik die Fockschot ausgelassen. Läßt die Bö jetzt nach, so besteht akute Kentergefahr nach Luv, falls der Vorschotmann nicht rasch genug ins Boot kommt. Barfuß im Trapez ist übrigens gefährlich; man kann sich leicht dabei verletzen.

Genuas sollte der Baum auch auf spitzen Raumschotskursen wenigstens noch etwa eine Handbreit vom Vorstag entfernt sein. Sowie die Bö einfällt, wird also blitzschnell abgefallen, wobei Steuermann und Vorschotmann die Jolle durch richtiges Ausreiten möglichst auf ganz ebenem Kiel zu halten versuchen. Die Bö wird dadurch nicht nur besser abgefangen, sondern auch wirksamer ausgenützt, denn man läuft dann länger in der gleichen Richtung mit. Solange die Jolle jetzt mit der Bö voll gleitet, hält man diesen abgefallenen Kurs durch. Läßt die Bö nach, so werden Großsegel und Spinnaker wieder dichter geholt und der Steuermann luvt leicht hoch, denn man ist ja glücklicherweise nicht wie beim Kreuzen an einen genauen Kurs gebunden. Durch dieses leichte Hochziehen auf den normalen Kurs oder sogar darüber läßt sich der Gleitzustand optimal ausdehnen, denn die Jolle und deren Segelebene geraten dann aus dem Turbulenzbereich in den laminaren Luftstrom, und der bringt unter diesen Verhältnissen, wenn die Jolle von der Mannschaft wieder gut zu halten ist, den größten Vortrieb. Zu diesem Spiel gehört natürlich viel Gefühl, und wer das hat, der wird auf Regatten selbst auf diesen Kursen, wo ja praktisch alle in der gleichen Richtung laufen, eine Menge herausholen können. Ausschlaggebend ist hier auf jeden Fall die beste Gleittechnik. Dazu kommt natürlich auch noch das schnelle Reagieren bei einfallenden Böen, denn wenn der

Auf diesem Bild hat der Steuermann durch blitzschnelles Abfallen die Bö gut abgefangen und läuft nun mit erhöhter Geschwindigkeit in der gleichen Richtung mit. Durch achterlichen Gewichtstrimm entlastet die Mannschaft das Vorschiff. Das Großsegel sollte jedoch flacher stehen, was durch einen stramm dichtgesetzten Großbaum-Niederholer erreicht werden könnte.

Steuermann da nicht blitzschnell abfällt, wird die Jolle auf die Seite gedrückt, gekrängt und so extrem luvgierig, daß man erst alles fieren muß, ehe man abfallen kann.

Wird kein Spinnaker gefahren (6 bis 7 Windstärken sind meist auch für routinierte Crews die Grenze), so läuft das gleiche Spiel eben nur mit Großsegel und Fock ab, wobei es wiederum darum geht, die Segel möglichst synchron zu fieren und dichter zu nehmen. Nochmals zusammengefaßt heißt es also beim Segeln auf schnellen Raumschotskursen: Die Jolle muß bei optimalem Anstellwinkel der Segel unter allen Umständen so aufrecht wie möglich gesegelt werden. Bei einfallenden, starken Böen, bei denen das nur mittels Reduzierung der Segelfläche durch entsprechendes Fieren von Groß- und Fock-, beziehungsweise Spinnakerschot möglich wäre, wird stattdessen abgefallen. Man fiert dabei zwar auch die Segel, aber die Segelebene zum Wind und damit auch die wirksame Segelfläche ändert sich nicht, so daß der erhöhte Winddruck voll der Bootsgeschwindigkeit zugute kommt. Der zu starke Krängungsdruck, der die Jolle normalerweise auf die Seite legen würde, wird durch das Abfallen in einen mehr vorlich gerichteten Druck umgewandelt, und je mehr ein Boot die Nase vom Wind wegdreht, um so mehr Winddruck verträgt es. Denn nach vorne kann ein Boot bekanntlich nicht krängen, sondern nur schneller werden. Analog zur Abnahme der Windstärke wird man dann wieder höherlaufen, um aus dem Turbulenzbereich wieder in den Auftriebsbereich zu gelangen, also in den Bereich laminarer Anströmung. Denn der produziert dann, wenn man den Winddruck wieder voll mit Gegengewicht ausgleichen kann, die größte Geschwindigkeit.

Diese Jolle, eine Strale, läuft in sehr hartem Wetter Höchstgeschwindigkeit. Die Mannschaft trimmt weit achtern und steuert einen abgefallenen Kurs, auf dem das Boot den meisten Wind vertragen kann.

Trimm und Technik
bei achterlichem Wind

Ebenso wie auf Raumschotskursen dienen auch bei achterlichem Wind sämtliche Einrichtungen und Bestrebungen unmittelbar der Erhöhung der Geschwindigkeit. Zugeständnisse an andere Faktoren, wie das beim Kreuzen zugunsten der Höhe der Fall sein kann, braucht man nicht zu machen. Im Gegenteil: Wir haben hier eher ein umgekehrtes Verhältnis, nämlich eine Verlängerung der Distanz zugunsten der Geschwindigkeit. Denn genau platt vor dem Wind werden auch die reinen Vormwindkurse kaum mehr gefahren. Dafür sorgen in erster Linie die modernen Spinnakerformen, die ihren maximalen Vortrieb erst bei laminarer Windanströmung erreichen. Dazu kommt, daß ein ganz aufgefiertes Großsegel — wie es auf diesem Kurs nötig wäre — niemals genau im rechten Winkel zur Windrichtung stehen kann. Denn spätestens bei etwa 80 Grad stößt der Großbaum an den leicht nach achtern weisenden Wanten an. Und nicht zuletzt zieht auch die Fock noch besser mit, wenn der Windeinfallswinkel etwas halbachterlicher liegt. All diese Umstände bewirken also, daß man heutzutage mit modernen Jollen auch die reinen Vormwindkurse überwiegend im 75- bis 80-Grad-Winkel absegelt. Der direkte Kurs lohnt sich — wenn überhaupt — allenfalls noch bei echten Gleitbedingungen. Natürlich verlängert sich durch diese Art des Vormwindsegelns auch die Distanz geringfügig und macht mindestens einmal ein Schiften nötig, aber im Vergleich zu dem enormen Geschwindigkeitszuwachs sind diese Nachteile ziemlich unbedeutend.

Achterlicher Kurs bei leichtem Wind

Beim *Bootstrimm* heißt es wieder einmal: Reduzierung der benetzten Oberfläche durch Gewichtstrimm nach vorne und leichte Krängung. Dafür kann man sich die Lateralfläche jetzt schenken, weshalb das Schwert fast ganz hochgenommen wird. Nur mehr etwa zehn Zentimeter läßt man wegen der besseren Kursstabilität im Wasser. Das Ruderblatt wird etwa im 60- bis 70-Grad-Winkel gefahren.

Dieser Spinnaker steht frei und unbeeinflußt vom Störungsbereich des Großsegels. Der Achterholer wurde weit genug nach Luv geholt und die Leeschot maximal gefiert. Der Spinnaker erzielt größtmögliche Wirkung.

Für den richtigen *Riggtrimm* muß der Mast gerade bleiben, was er ohnehin von sich aus tut, sofern man ihm keine Biegung aufzwingt. Das Großsegel wird, wie übrigens auf allen Kursen bei leichtem und mittlerem Wind, am Mast so hoch wie möglich gesetzt, der Segelkopf endet also an der obersten Meßmarke. Denn bekanntlich ist die Windgeschwindigkeit weiter oben höher als direkt über der Wasseroberfläche. Der Holepunkt der Fock bleibt, sofern man sie nicht lieber einrollt, in der Verlängerung der Mittelnaht, der Großschottraveller wird auf der Schiene ganz nach Lee gefahren. Vor- und Unterliek des Großsegels und das Vorliek der Fock läßt man so weit nach, bis die Segel ihre volle Wölbungstiefe erhalten.

Es ist empirisch erwiesen, daß ein leicht nach vorn geneigter Mast ein Boot vor dem Wind schneller werden läßt. Auf modernen Rennjollen wie beispielsweise dem FD werden deshalb in zunehmendem Maße die Wanten durchs Deck hindurch auf Spin-

Hier herrscht fast völlige Flaute und die Mannschaften trimmen ihr Boot stark nach vorne und nach Lee. In diesem Fall erfüllt die Krängung noch eine zusätzliche Funktion: Sie hilft mit, das Profil ins Segel zu drücken.

deln und Übersetzungstrommeln geführt, so daß man sie während des Segelns nachlassen kann. Der Effekt: Das ganze Rigg neigt sich durch die verlängerten Wanten mehr nach vorne. Wer diese Verstellmöglichkeit nicht hat, wird natürlich versuchen, den Mast wenigstens ganz gerade zu fahren und einen Mastfall nach achtern zu vermeiden.

Was die *Segeltechnik* betrifft, so heißt es wieder einmal: Ruhe im Boot, sanftes und gefühlvolles Steuern und aufmerksame Windbeobachtung. Der Großbaum wird soweit gefiert, daß er gerade leicht das Leewant berührt. Die Fock rollt man dagegen am besten ein oder bändselt sie zusammen, weil sie bei diesem leichten Wind kaum etwas bringt, stattdessen aber die Windströmung am Spinnaker negativ beeinflußt. Außerdem kann sich der Vorschotmann dann beim Schiften voll darauf kon-

Das Großsegel-Vorliek auf Vaurien G 23397 wurde extrem weit nachgelassen, daher auch die schräglaufenden Falten. Solange das Boot fast genau vor dem Wind fährt, wirkt sich das auch nicht nachteilig aus. Läuft es aber nur gering- *fügig höher in den laminaren Luftstrom, so ist der Segelstand von G 23414 wesentlich wirkungsvoller. Der FD ganz oben wird sauber und mit richtigem Gewichtstrimm fast platt vor dem Wind gesegelt.*

92

zentrieren, daß der Spinnaker nicht einfällt. Während der Steuermann auf dem Leedeck sitzt, stellt sich der Vorschotmann am besten aufs Vordeck und fährt den Spinnakerbaum direkt mit der Luvhand, während er mit der anderen Hand die Leeschot führt. Auf diese Weise kann er dieses Segel bei sehr leichtem und ungleichmäßigem Wind viel gefühlvoller und genauer bedienen. Das Luvliek soll jeweils locker die Wölbung des Spinnakers betonen und darf keinesfalls gespannt werden.

Für den Vorschotmann geht es jetzt auch darum, das wirksamste Verhältnis zwischen weitgehendem Fieren der Leeschot und Dichternehmen des Achterholers herauszufinden. Das Eine geht dabei nämlich stets auf Kosten des Anderen. Wird in erster Linie die Leeschot gefiert, so kann der Spinnaker herrlich steigen und steht dann mehr oder weniger querab ziemlich weit vom Großsegel entfernt, aber immer noch stark in dessen Turbulenzbereich. Wird der Spinnaker dagegen mit dem Baum weiter auf die Luvseite aus dem Turbulenzbereich des Großsegels herausgeholt, so steht er zwar freier, kann aber nicht so gut steigen, denn das Leeliek muß dafür entsprechend dichter geholt werden. Im Allgemeinen bewährt sich ein mittlerer Kompromiß zwischen diesen beiden Faktoren am besten.

Das Schiften geht normalerweise so vor sich, daß beide Spinnakerschoten belegt werden, und während der Steuermann mit weichen Ruderbewegungen immer stärker abfällt und das Großsegel auf die andere Seite nimmt, hakt der Vorschotmann den Spinnakerbaum am Mast aus und im neuen Luv-Schothorn ein. Und das Ende des Spinnakerbaumes, das vorher am Luv-Schothorn eingehakt war, wird nun am Mastbeschlag belegt. Der Steuermann

Eine Halse ohne einfallenden Spinnaker kann nur dann klappen, wenn der Steuermann während des Spinnakerbaumwechsels auf die andere Seite die Schoten übernimmt. Er kann dann so *fort mit der neuen Leeschot die nötigen Korrekturen vornehmen, um ein Einfallen des Spinnakers beim Schiften des Baumes zu verhindern.*

nimmt anschließend sofort die neue Leeschot aus der Klemme und verhindert durch
entsprechendes Dichterholen ein eventu-
elles Einfallen des Spinnakers am neuen
Luvliek. Wenn der Spinnakerbaum eingehakt ist, übergibt er die Leeschot wieder
dem Vorschotmann. Übrigens bewähren
sich bei solchen Verhältnissen immer wieder dünnere und entsprechend leichtere
Spinnakerschoten. Daß rechtzeitig vor
Kurswechsel und Spinnakerbergen die
Fock ausgerollt sein muß, versteht sich
wohl von selbst.

Achterlicher Kurs bei Mittelwind

Beim *Bootstrimm* fällt nun die ganz leichte
Krängung weg, so daß die Jolle möglichst
aufrecht läuft. Das Mannschaftsgewicht
muß aber immer noch so weit nach vorne,
bis das Wasser glatt am Heck abreißt. Das
Schwert wird nur etwa 15 Zentimeter gefiert, das Ruderblatt kann dagegen um 45
Grad angewinkelt werden.
Beim *Riggtrimm* erhält der Mast nun durch
den dichtgesetzten Großbaum-Niederholer
eine leichte Biegung über seine ganze
Länge. Der Niederholer ist nötig, um ein
Steigen des Großbaumes und damit eine
Verwindung der Segelebene zu verhindern.
Vor- und Unterliek des Großsegels und
das Vorliek der Fock werden nach wie vor
lose gefahren, wobei am Vorliek des Großsegels sogar leichte Querfalten auftreten
können. Der Holepunkt der Fock bleibt in
der Mittelnahtverlängerung, der Traveller
für die Großschot ganz in Lee.
Die *Segeltechnik* bietet bei diesen Verhältnissen eigentlich die wenigsten Möglichkeiten, um — beispielsweise bei Regatten
— größere Vorsprünge herauszufahren.
Die Technik ist verhältnismäßig unkompli-

*Die Trimmlage dieses Finn-Dinghies ist ein-
wandfrei. Es segelt aufrecht und ohne Ruderdruck. Der Baum steigt jedoch etwas zu stark,*

ziert, so daß auch weniger Routinierte
schnell die nötigen Fähigkeiten erwerben
können. In diesem Falle sind es dann eben
die kleinen Feinheiten, die eventuell einige
Meter bringen. Beispielsweise beim Setzen des Spinnakers. Das ist bei Jollen mit
Spinnakertrompete relativ einfach, bei Booten ohne diese Einrichtung dagegen etwas
komplizierter.
Man sollte zunächst einmal darauf achten,
daß der Spinnaker möglichst auf der Leeseite der Fock (die bei diesen Verhältnissen schon ganz gut mitzieht und deshalb
stehen gelassen werden sollte) hochgezo-
gen wird. Denn es ist dann für den Vorschotmann recht einfach, den in Lee aus-
wehenden Spinnaker durch Dichternehmen
des Achterholers und gleichzeitiges Einhaken des Spinnakerbaumes am Luv-
Schothorn in wenigen Sekunden stehen zu
lassen. Es gibt dabei keine Reibungs-
punkte und Vertörnungsmöglichkeiten, da
*wodurch projizierte Fläche verlorengeht. Das
Profil dieses Segels und die aufrechte Schwimmlage des Bootes sind aber einwandfrei.*

der Spinnaker beim Setzen frei in Lee der übrigen Segel auswehen kann.

Wird er dagegen auf der Luvseite gesetzt, so besteht die Gefahr, daß der Vorschotmann das Lee-Schothorn durch Zug an dessen Schot nicht rechtzeitig auf die Leeseite der Fock bringt und der Spinnaker sich bereits in Luv der Fock bläht. Der Teil, der nicht rechtzeitig auf die Leeseite geholt werden konnte, drückt sich dann in die Wölbung der Fock, ist dadurch noch schwerer auf die andere Seite zu kriegen, und verursacht nicht selten das totale Wooling. Wenn es trotzdem nicht anders geht, und bei Regatten kann man sich das nicht immer aussuchen, so hat der Vorschotmann beim Spinnaker-Setzen auf der Luvseite der Fock zunächst nur auf eines zu achten: Er muß den Spinnaker — bereits, während

ihn der Steuermann setzt — durch kräftiges Ziehen an der Leeschot ums Vorstag herum auf die Leeseite holen, und zwar bevor er Wind faßt. Dagegen ist es beim Bergen auf jeden Fall besser, den Spinnaker auf der freien Luvseite hereinzuholen.

Bei Mittelwind wird man nun den Spinnakerbaum in jedem Fall durch einen eingehakten Niederholer in der gewünschten Position fixieren. Auch der Achterholer kann belegt werden, sofern der Wind nicht zu ungleichmäßig ist. Der Vorschotmann, der etwa auf Höhe des Wants auf dem Luvdeck sitzt, wird also lediglich die Leeschot fahren, die er ständig so weit zu fieren versucht, bis das Luvliek kurz vorm Umkippen ist. Die Regel heißt auch hier: Der Spinnaker muß so weit wie möglich aus dem Turbulenzbereich der übrigen

Der Spinnaker sollte sich schon während des Setzens öffnen und mitziehen. Das klappt aber nur, wenn der Vorschotmann bereits mit einer Hand die Leeschot bedient und in der anderen den bereits am Luv-Schothorn eingehakten Spin-nakerbaum provisorisch fährt. Hier funktioniert das noch nicht, denn die Spinnakerschoten sind ganz lose und schleifen im Wasser nach. Sie haben so genug Möglichkeiten, sich irgendwo zu vertörnen.

95

Segel geholt werden, und das läuft wieder auf einen möglichst gelungenen Kompromiß zwischen einer weitgehend gefierten Leeschot und einem möglichst weit nach Luv geholten Achterholer hinaus.

Der Steuermann fiert das Großsegel soweit, bis der Großbaum gerade leicht das Leewant berührt, die Fock wird dagegen (meist vom Steuermann) in einer etwas dichteren Position belegt als es der Windeinfallswinkel erfordert. Die Jolle läuft, wie wir bereits gehört haben, nicht genau platt vor dem Wind, sondern um fünf bis zehn Grad nach Luv.

Achterlicher Kurs bei starkem Wind

Beim *Bootstrimm* geht es wieder einmal darum, günstigste Gleitvoraussetzungen zu schaffen. Das bedeutet, daß die Mannschaft die Jolle auf möglichst ebenem Kiel zu halten versucht und das Gewicht so weit nach achtern verlagert, bis das Vorschiff gut freikommt. Es besteht jetzt nämlich nicht mehr die Gefahr, daß der Spiegel saugt, denn bei richtig konstruierten Booten muß das Wasser bei diesen Verhält-

Allroundregel für das Spinnakern bei hartem Wind: Ein dicht ans Boot rangeholter Spinnaker steht ruhiger, zieht aber nicht ganz so gut. Läßt man ihn dagegen „steigen", so zieht er zwar besser, steht aber dafür unruhiger.

nissen glatt am Heck abreißen. Das Schwert muß nun mindestens ein Drittel gefiert werden, um die Querbewegungen einzudämmen und steuerfähig zu bleiben. Das Ruderblatt kommt in die senkrechte 90-Grad-Position.

Bei harten Vorwindkursen zielt der *Riggtrimm* im Wesentlichen darauf ab, das Großsegel in möglichst ruhiger und flacher Position zu halten. Sonst gerät die Jolle nämlich in das gefürchtete Geigen, was durch ein Verwinden des Segelprofils zustandekommt, wodurch der Wind abwechselnd nach Luv und nach Lee abströmt. Deshalb setzt man den Großbaum-Niederholer so stramm wie möglich dicht und läßt den Travellerschlitten für die Großschot ganz in Lee. Das Unterliek wird ziemlich stark, das Vorliek dagegen weniger stark durchgesetzt, um den Mast etwas zu entlasten. Die Fock sollte bei reinen Gleitbedingungen am besten weggenommen werden, was aber nur bei Booten mit Rollfock möglich ist. Andernfalls belegt man sie wie bei Mittelwind.

Die richtige *Segeltechnik* setzt unter diesen Umständen gerade beim Steuermann ein ausgeprägtes Balance-Gefühl voraus. Denn hier geht es vornehmlich darum, durch richtiges Steuern in einem der Schaukelbewegung entgegengesetzten Rhythmus der Tendenz zum Geigen schon im Ansatz entgegenzuwirken. Wenn die Jolle dennoch nach Luv krängt, muß das Großsegel etwas dichter genommen werden, um den Wind dadurch zu zwingen, ausschließlich auf der Luvseite abzufließen. Im Normalfall wird man das Großsegel so weit fieren, daß der Baum gerade nicht das Leewant berührt.

Auch bei hartem Wetter wird der Steuermann vorzugsweise in Lee und der Vor-

Hier weht es etwa mit 5 Windstärken, und die Segel stehen und ziehen auch gut, — einschließlich Fock. Die Kentergefahr ist für eine routinierte Crew noch gering, weshalb man den Spinnaker ruhig „steigen lassen" kann.

schotmann in Luv sitzen, diesmal aber weiter achtern, um die Jolle besser gleiten zu lassen. Bei starkem Wind ist es noch ratsamer als bei leichten und mittleren Winden, den Spinnaker auf der Leeseite der Fock, beziehungsweise des Vorstags, zu setzen, weil das die Gefahr des Vertörnens weitgehend ausschaltet (am einfachsten haben es hier natürlich Boote mit Spinnakertrompete). Bei sehr starkem Wind erhöht ein nach achtern verlagerter Gewichtsschwerpunkt natürlich auch die Formstabilität des Rumpfes, weil achtern die Wasserlinien breiter werden. Deshalb sollte beim Spinnakersetzen, solange der Vorschotmann mit dem Einhaken des Spinnakerbaumes und des Niederholers beschäftigt ist, die Leeschot gefiert bleiben, so daß der Spinnaker noch nicht ziehen kann. Erst wenn der Vorschotmann damit fertig ist und nach achtern rutscht, wird der Spinnaker durch Dichtholen der Leeschot zum Stehen gebracht. Dabei muß man dann gelegentlich feststellen, daß sich die herumschlagende Leeschot während des Spinnakersetzens an der Großbaumnock vertörnt hat, also darf man ihr vorher nicht zu viel Lose geben. Das Bergen des Spinnakers läuft dann wieder analog zum Setzen ab. Die Leeschot wird gefiert, so daß der Spinnaker flattert (wiederum Vorsicht an der Baumnock!), und jetzt erst geht der Vorschotmann nach vorne, hakt Spinnakerbaum und Niederholer aus und birgt das Segel, wobei die Fock, sofern sie eingerollt war, zuvor wieder stehen muß.

Bei starkem Wind wird der Vorschotmann den Spinnaker weniger steigen lassen, sondern ihn mehr ans Boot ranholen. Dann steht er ruhiger und die Jolle gerät nicht so leicht ins Geigen. Falls der Steuermann einmal nicht in der Lage sein sollte, die

Tendenz zum Geigen durch Arbeiten mit der Großschot und Gewichtsverlagerung auszugleichen, so muß der Vorschotmann mithelfen. Und zwar indem er bei Luvkrängung die Leeschot des Spinnakers und bei Leekrängung den Achterholer dichter nimmt, was voraussetzt, daß er den Achterholer zwar belegen kann, aber griffbereit in der Nähe haben muß.

Segelt man auf See, so kann die Jolle wegen des hohen Seeganges nicht gleiten, sondern allenfalls surfen. Die Technik ist dabei im Grunde die gleiche wie beim Surfen mit dem Wellenbrett. Man versucht also, möglichst lange auf dem Vorderhang einer Welle mitzulaufen. Dabei kann das Boot durchaus schneller sein als der Wind, weshalb dann gelegentlich auch der Großbaum mittschiffs kommt. Das passiert vorwiegend dann, wenn noch eine gute Welle steht, der Wind aber bereits im Abflauen ist. Um ins Surfen zu gelangen, reißt die Mannschaft kurz die Schoten von Großsegel und Spinnaker an und verlagert das Gewicht für einen Augenblick nach vorne, und zwar in dem Moment, in dem die von achtern anrollende Welle das Heck hochhebt. Surft die Jolle jetzt auf dem Wellenvorderhang, so verlagert die Crew ihr Gewicht nach achtern, damit sich der Bug nicht ins Wellental bohren kann. Der Steuermann versucht nun diesen Zustand möglichst lange zu halten, indem er durch leichtes Anluven oder Abfallen die richtige Geschwindigkeit beibehält.

Auf Regatten ist man natürlich auch gezwungen, bei diesem starken Wind zu halsen, und das ist zweifellos das schwerste Manöver. Die meisten Kenterungen entstehen deshalb, weil man sich nicht darüber im Klaren ist, wann die Bedingungen für eine Halse am günstigsten sind und was

dabei zu beachten ist. Am einfachsten ist es zunächst einmal, dann den Baum zu schiften, wenn der Wind für einen Augenblick gerade abflaut. Bei Regatten ist man jedoch gezwungen, die Halse an einer Bahnmarke durchzuführen, und wenn da der Wind gerade nachläßt, so ist das reine Glückssache.

Als Grundregel gilt dann, daß man in dem Augenblick halst, in dem die Jolle Höchstgeschwindigkeit läuft, nicht aber, wenn sie gerade beschleunigt. Denn es dürfte klar sein, daß der Winddruck während des Beschleunigens das Segel besonders stark belastet, weshalb es sehr schwer ist, den Großbaum zu schiften. Läuft die Jolle jedoch Höchstgeschwindigkeit, so ist der Druck auf das Segel wegen der jetzt sehr gerin-

Das gibt eine typische Vorwindkenterung infolge starken Geigens. Das Segel ist auch viel zu verwunden und bildet eine richtige Tasche, wobei der Wind abwechselnd nach Luv und nach

gen Differenz zwischen Windgeschwindigkeit und Fahrgeschwindigkeit weit schwächer. Am allerschlechtesten ist es, wenn man — wie es oft zu beobachten ist — genau dann zu halsen versucht, wenn die Jolle durch eine Welle gebremst wird. Man geht dabei von der Überlegung aus, daß jetzt die Geschwindigkeit am geringsten ist, bedenkt dabei aber nicht, daß dafür der Winddruck auf das Segel am größten ist. Natürlich muß so etwas nicht immer mit einer Kenterung enden, zumal dann nicht, wenn das Schwert mindestens um die Hälfte aufgeholt ist. Dann stolpert die Jolle nicht unbedingt über ihre „eigenen Beine" und kann möglicherweise noch rechtzeitig zur Seite ausweichen.

Lee abströmt und somit das Geigen verursacht. Je flacher das Segel vor dem Wind steht, umso ruhiger läuft das Boot.

Kenterverhalten und Sicherheitsmaßnahmen

Ursachen und Gegenmaßnahmen für eine Kenterung

Unter den verschiedenen Kenterarten und -ursachen läßt sich bei einer etwas allgemeineren Betrachtungsweise ein klares Verhältnis erkennen, wobei wir davon ausgehen, daß bis etwa 5 Windstärken der Spinnaker gefahren wird. So dominieren auf Vormwindkursen und an der Kreuz eindeutig Luvkenterungen, während man auf Raumschotskursen meist nach Lee in den Bach geht. Der zahlenmäßige Anteil der Kenterungen an der Kreuz ist dabei im Vergleich zu Raumschots- und Vormwindkenterungen am geringsten. Das erklärt sich alleine schon daraus, daß eine Wende weit weniger riskant ist als eine Halse, denn Manöverkenterungen bilden einen wichtigen Anteil davon. Lediglich auf manchen Binnenrevieren, wie den Alpenseen mit ihren oft stark schralenden und böigen Winden, geht man auch häufiger auf der Kreuz baden, und zwar fast ausschließlich nach Luv. Die Böen sind hier nämlich nicht nur schlecht auf dem Wasser zu erkennen, sondern fallen auch oft so spitz ein, daß selbst routinierte Steuerleute nicht mehr rasch genug abzufallen vermögen.

Die meisten Kenterungen nach Lee lassen sich — in der Reihenfolge ihrer Häufigkeit — auf folgende Situationen zurückführen:

● Spinnakern auf Raumschotskursen (die Jolle läuft bei stärkeren Böen aus dem Ruder);
● Unsachgemäßes Halsen (es wird geluvt, bevor das Großsegel voll aufgefiert ist);
● Zu starkes „Höhe kneifen" an der Kreuz bei harten Böen (wodurch die Jolle zu viel Fahrt und damit auch Stabilität verliert);

Häufigste Ursachen für Kenterungen nach Luv sind dagegen:
● Ein „aus dem Ruder laufen" der Jolle beim Spinnakern auf achterlichen Kursen (bei starkem Geigen gleitet der Rumpf nach Lee weg);
● Zu langsames Reagieren des Steuermannes bei spitz einfallenden Böen an der Kreuz.

Bei plötzlich einfallendem Gewittersturm gibt es drei Möglichkeiten, eine Kenterung zu vermeiden: Entweder man birgt rasch die Segel und setzt einen Treibanker (den man aber meist nicht hat), oder man läuft platt vor dem Wind nur mit der Fock, oder aber — was sich jedoch nur für eine routinierte Crew empfiehlt — man gleitet raumschots in voller Fahrt auf das nächste Ufer zu. Wichtig ist dabei, daß die Jolle Höchstgeschwindigkeit läuft, denn in diesem Falle vermeidet ausschließlich die mit zunehmender Geschwindigkeit sich ebenfalls erhöhende dynamische Stabilität eine Kenterung. Sowie die Jolle aus der Gleitfahrt gerät, geht es in den Bach, egal ob sämtliche Segel gefiert sind oder nicht, — jedenfalls bei einem richtigen Gewittersturm. Diese letzte Möglichkeit ist eigentlich nur auf Trapezjollen realisierbar, denn nur mit ihnen erreicht man die dazu nötige Geschwindigkeit.

Bei unklarer Wetterlage sollte man es sich zur Gewohnheit machen, eine Kenterung grundsätzlich mit einzukalkulieren. Das bedeutet Ordnung an Bord und angelegte Schwimmwesten, die gut sitzen müssen, dabei aber die Bewegungsfreiheit nicht einschränken dürfen. Sie sollten auch möglichst mit einem Kragen versehen sein. Anker, eine Schleppleine und eine Pütz haben schon in so mancher kritischen Situation gute Dienste geleistet. Ein Tampen zum Aufrichten des gekenterten Bootes, wofür der Festmacher verwendet werden kann, hat sich ebenfalls schon oft als nützlich erwiesen. Da er auch in durchgekentertem Zustand noch schnell und leicht erreicht werden muß, wird man ihn an einem Ort befestigen, wo er auch in diesem Falle noch gut zu erreichen ist, also meist irgendwo am Stevenbeschlag.

Um bei einer Kenterung spontan und richtig reagieren zu können, sollte man den Ernstfall einige Male bei schlechtem Wetter üben. Man weiß dann nicht nur ungefähr, wie sich das Boot dabei verhält, sondern ist auch in der Lage, den bei einer Erstkenterung meist unvermeidbaren psychischen Schock etwas abzubauen. Denn nur diejenige Mannschaft, die im Augenblick des Kenterns sofort die richtigen Entscheidungen trifft, wird die Folgen auf ein Minimum reduzieren können.

Verhalten nach einer Durchkenterung

Merkt die Jollencrew, daß es unvermeidbar in den Bach geht, so sollte sie sich sofort darauf konzentrieren, ein Durchkentern zu vermeiden. Bei einer Luv-Kenterung ist das indessen nicht immer möglich, denn häufig

Das wird eine geradezu klassische Leekenterung auf Raumschotskurs, wobei die Crew noch nicht sehr viel Routine zeigt. Der Steuermann ist beim Einfallen der Bö nicht rasch genug abgefallen, weshalb ihm sein FD aus dem Ruder gelaufen ist. Jetzt hilft das Gegenruder nichts mehr, weil das Ruderblatt fast ganz in der Luft hängt. Statt die Leeschot freizugeben, stemmt sich der Vorschotmann krampfhaft nach Luv, womit er rein nichts bewirkt.

wird die Mannschaft dabei aus dem Schiff geschleudert. Falls jemand unters Segel geraten ist, so muß er grundsätzlich nach achtern wegtauchen, um nicht in die Wanten zu geraten. Unterm Segel aufzutauchen, um Luft zu holen, ist sinnlos, da sich dort keine Luftblase bilden kann.

Die meisten Leichtbaujollen zeigen bereits von der Konstruktion her eine starke Tendenz zum Durchkentern. Die Seitentanks erzeugen nämlich häufig zu viel Auftrieb, wodurch die Jolle sehr hoch aufschwimmt und der Neigungswinkel des Mastes nach unten deshalb viel größer ist als bei einem Boot, das etwa bis zur Mittschiffslinie unter die Wasserlinie sackt, — wie es ideal wäre. Da ist dann das Durchkentern sogar eine Art Notbremse, denn falls die Mannschaft

Und das hier könnte eine geradezu klassische Luvkenterung geben. Das Boot war in voller Gleitfahrt und nun hat plötzlich die Bö nachgelassen. Der Vorschotmann hängt noch voll im Trapez. Erwischt das Boot nun eine neue Bö, die ja bekanntlich immer spitzer einfällt, so ist die Luvkenterung perfekt. Das Bild oben zeigt dagegen die ideale Schwimmlage eines gekenterten Bootes, um die Neigung zum Durchkentern so gering wie möglich zu halten.

103

das Boot nicht rechtzeitig wieder zu fassen bekommt, treibt es durch seine große Angriffsfläche, die es dem Wind bietet, so schnell ab, daß man es schwimmend nicht mehr erreichen kann.

Am besten konstruiert sind, von diesem Gesichtspunkt aus gesehen, zweifellos jene Jollen, die zwar schmale Seitendecks, aber keine Seitentanks haben. Stattdessen ist der Doppelboden bis zur Außenschale durchgezogen (und das Vorschiff natürlich

auch hier abgeschottet). Das Boot sinkt dann bei einer Kenterung bis etwa zur Bootsmitte unter das Wasser, neigt dadurch kaum zum Durchkentern und kann nicht so schnell wegtreiben, falls die Mannschaft aus dem Schiff geschleudert wird (die meisten Sperrholz-FD sind übrigens so gebaut). Da diese Bauweise in Kunststoff aber nicht so haltbar und etwas schwieriger ist (und auch einige andere Nachteile mit sich bringt, wie beispielsweise den, daß

So wie bei dieser Leekenterung verhalten sich die meisten Segler. Selbst die am besten konstruierten Jollen werden hier — aufgrund des Gewichtes der Besatzung auf der Scheuerleiste — durchkentern.

Situation Nummer Drei zeigt die beiden Segler, wie sie sich mit den Füßen an der unteren Scheuerleiste abstützen und mit möglichst weit vom Rumpf weggestemmten Körpern die Jolle aufzurichten versuchen.

Zweiter Akt: Die Jolle ist durchgekentert und die Mannschaft hat sich den Tampen geangelt und am Want befestigt. Diese Aufrichtehilfe ist auch dann unentbehrlich, wenn das Schwert in den Kasten gerutscht ist.

Die Mannschaft hat das Boot in die horizontale Lage gebracht, und falls es hier nichts zu klarieren gibt (etwa ein Spinnaker, der auf jeden Fall geborgen werden sollte), kann sie es gleich ganz aufrichten.

Geschafft! Die Mannschaft hat ihr Boot wieder oben. Man achte aber darauf, daß die Jolle immer mit Bug in die Windrichtung oder zumindest — so wie hier — im rechten Winkel zur Windrichtung (gegen den Wind) aufgerichtet wird. Andernfalls bestünde die Gefahr, daß sie gleich wieder in die andere Richtung umfällt.

So wird dann richtig eingestiegen. Nachdem der erste im Boot ist und die Gleichgewichtslage korrigieren kann, wird der zweite hereingehievt. Die Segel sind natürlich ganz aufgefiert.

Ein nicht geborgener Spinnaker erschwert das Aufrichten, weil er meist viel Wasser schöpft. Gelingt das Aufrichten trotzdem, so bewirkt er nicht selten eine Neukenterung, weil die Schwimmlage des Bootes dann zu labil ist.

die Seitendecks für den Steuermann nicht so ausreitfreundlich geformt sind), versuchen es die guten Konstrukteure oft mit einem Kompromiß, der meist auf einen dünnen Doppel- oder Halbdoppelboden und relativ schmale Seitentanks hinausläuft.

Ist die Jolle also durchgekentert, so wird sich die Mannschaft zunächst einmal den am Steven befestigten Tampen angeln und an dem Wantansatz festzurren, der mehr nach Lee zeigt. Falls das Schwert ganz in den Kasten gerutscht ist, wie das auf achterlichen Kursen mit ohnehin größtenteils hochgenommenem Schwert leicht möglich ist, so bietet dieser Tampen sogar die einzige Möglichkeit, das Boot wieder hochzukriegen. Die Mannschaft stützt sich nun mit den Füßen an der gegenüber liegenden Scheuerleiste ab und zieht am Tampen, wobei sie sich — um optimale Hebelwirkung zu erzielen — mit ihren Körpern möglichst weit vom Rumpf wegstemmt. Falls man das Schwert noch zu fassen kriegt, so ist der Tampen manchmal gar nicht nötig. Man kriegt das Boot dann auch durch kräftiges Ziehen und rhythmisches Wippen am Schwertende hoch. Dagegen erleichtert das Ziehen an der Großschot, wie das auch oft praktiziert wird, das Aufrichten nicht besonders, da in diesem Falle die Segel unter Wasser dichtgenommen werden und dabei einen starken Widerstand bilden. Günstig wirkt sich in jedem Fall ein ausgeschäumter Mast aus, allerdings nicht wegen des Auftriebs, sondern weil dadurch kein Wasser ins Mastinnere eindringen kann und so das Aufrichten erschwert.

Schwimmt die Jolle nun horizontal, so muß — falls nötig — zunächst das Schwert in unterster Position belegt und das Boot so gedreht werden, daß der Mast nach Lee

Regel Nummer Eins für jede Kenterung: sofort die Scheuerleiste vom Gewicht der Besatzung befreien, um die Tendenz zum Durchkentern zu verringern. Aber Vorsicht beim Schwert! Es könnte bei hoher Belastung brechen.

zeigt oder quer zur Windrichtung liegt, — wobei der Bug der Jolle nach vorne weist. Andernfalls würde das Boot nach dem Aufrichten schnell wieder in die andere Richtung kentern. War der Spinnaker gesetzt, so muß er nun geborgen werden, denn bei stehendem Spinnaker glückt das Aufrichten nur selten. Groß- und Fockschot sollten möglichst völlig aufgefiert sein, damit die Segel kein Wasser schöpfen und beim Aufstellen frei auswehen können. Nun kann die Jolle durch Drücken am Schwert, beziehungsweise durch Ziehen am Tampen, ganz aufgerichtet werden. Wer sicher gehen will, daß er beim anschließenden Einsteigen nicht aus Versehen nochmal kentert, wird erst dann übers Seitendeck ins Boot klettern, wenn einer der beiden nach vorne geschwommen ist und den Bug in der Windrichtung hält. Steht der andere dann sicher im Boot und kann dadurch die Gleichgewichtslage beeinflussen, wird auch der zweite Mann ins Boot geholt.

Wie vermeide ich ein Durchkentern?

80 Prozent aller Fälle bräuchten aber gar nicht zum Durchkentern führen, wenn die Mannschaften nur wüßten, wie sie sich zu verhalten haben. Oft geben auch Mißverständnisse zwischen Steuermann und Vorschotmann den Ausschlag dazu. Dabei läuft die Überlegung, die Steuermann und Vorschotmann während einer Kenterung anzustellen haben, eigentlich nur darauf hinaus, sich blitzschnell darüber klar zu werden, wer von ihnen am schnellsten auf dem Schwert sein kann. Der andere wird sich, sofern er nicht ebenfalls sofort aufs Schwert gelangt (was meist nicht gelingt), statt-

dessen in Lee ins Wasser fallen lassen und versuchen, den Mast hochzuhalten. Hauptsache ist, daß die Scheuerleiste so schnell wie möglich vom Gewicht der Besatzung befreit wird, denn gerade dadurch kommt das schnelle Durchkentern zustande. Die Jolle liegt in diesem Falle nämlich fast nie rechtwinklig zur Wasseroberfläche, sondern zeigt einschließlich Mast bereits eine Neigung nach unten. Das Gewicht der Besatzung auf der Kante wirkt dann sofort als starke, nach unten gerichtete Kraft, so daß eine Durchkenterung die logische Folge ist. Regel Nummer Eins beim Kentern lautet also: Sofort die Scheuerleiste entlasten.

Während der eine also durch sofortiges Drücken und Wippen am Schwert der Tendenz zum Durchkentern entgegenwirkt, schwimmt der andere um das Boot herum auf die Seite des Schwertes und hilft nun mit, die Jolle wieder aufzurichten. Ist das Boot nach Luv gekentert, so muß er auf seinem Weg außen herum zuvor den Bug in die Windrichtung ziehen, denn andernfalls würde die Jolle nach dem Aufrichten gleich wieder in die andere Richtung umfallen. Liegt der Bug im Wind, so bleiben ihm dann zwei Möglichkeiten: Entweder er schwimmt zum Schwert und hilft dem anderen, oder er schwimmt zum Masttopp, wartet auf eine kräftige Bö und schlägt diesen dann mit einem kräftigen Beinschlag nach oben, so daß der Wind unters Segel greifen kann und auf diese Weise die Aufrichtebemühungen des am Schwert drückenden Mannschaftsmitgliedes unterstützt. Diese Methode ist auch bei Einmannjollen wie dem Finn-Dinghy üblich, weil bei der üblichen Schwert-Aufrichtemethode hier zu viel Wasser ins Boot fließt. Wichtig ist dabei, daß man in einer Hand den Festmacher

hält, denn sonst würde man ein Einmann-
boot nach dem Aufstellen nicht mehr zu fassen kriegen. Welche dieser beiden Metho-
den man bei Zweimannjollen anwendet,
hängt von den verschiedenen Situationen
und Umständen ab. Wirksam sind sie in
der Regel beide, und wenn die eine nicht
klappt, muß man eben die andere versuchen.

Die Methode des sofortigen Entlastens der
Scheuerleiste verhindert aber nicht nur ein
Durchkentern, sondern sorgt auch dafür,
daß bei Jollen mit geringer seitlicher Ein-
deckung und ohne Doppelboden nach dem
Aufrichten wenig Wasser im Cockpit verbleibt. Andernfalls müssen solche Boote
anschließend leergesegelt werden. Nicht
selten verbleibt aber so viel Wasser im
Cockpit, daß die Jolle erst etwas ausge-
schöpft werden muß, denn die Lenzventile
werden in der Regel erst dann voll wirksam, wenn das Cockpit nur mehr etwa zu
einem Drittel voll Wasser ist. Andernfalls
reicht nämlich die Geschwindigkeit zum
Lenzen nicht aus. Eine stets mitgeführte
(festgezurrte) Pütz ist bei Jollen ohne Doppelboden also nie fehl am Platz.

*Aufrichten durch Hochschlagen des Masttopps
empfiehlt sich vorwiegend für Einmannjollen.
Dazu muß das Boot aber mit dem Bug genau
in der Windrichtung liegen, weil der Wind unter Segel greifen muß.*

Verhalten nach einer Havarie

Gelegentlich geht bei einer Kenterung auch
etwas zu Bruch oder verloren, so daß die
Jolle abgeschleppt werden muß. Eine Hava-
rie kann aber auch ganz ohne Kenterung
zustandekommen, obwohl die heute üblichen Aluminiumriggs Brüche des Mastes
oder Großbaumes kaum noch zulassen.
Dafür kommt aber nicht selten das ganze
Rigg herunter, namentlich dann, wenn ein
Want oder Stag oder auch nur deren Befestigung gerissen ist. Das über Bord
gegangene, aber noch durch allerlei andere
Drähte mit dem Boot verbundene Rigg
sollte in diesem Falle sofort geborgen werden, um Beschädigungen des Rumpfes zu
vermeiden. Der Mast und die übrigen Teile
müssen erst sorgfältig zusammengelascht
werden, ehe man die Abschleppleine über-
nehmen kann. Das Schwert sollte beim
Schleppen etwa zu zwei Dritteln hochgenommen werden. Viele Havarien lassen
sich dadurch vermeiden, daß man die Jolle
vor dem Auslaufen sorgfältig aufriggt und
dabei sämtliche stärker belasteten Teile
mit ihren Befestigungselementen sorgfältig überprüft.

*Das Foto auf der folgenden Doppelseite zeigt,
was passiert, wenn die Jolle nicht mit genügend
festem Auftrieb ausgestattet ist. Die Mannschaft
hat das Boot zwar wieder aufgerichtet, doch ein
Leersegeln ist unmöglich.*

Regattaeinführung

Der Jollensegler, zumindest der sportlicher veranlagte, betreibt das Segeln in Reinkultur; — und zwar alleine schon deshalb, weil mit den meisten Jollen eben nicht viel mehr als Segeln anzufangen ist. Sie eignen sich weder als Gammelschiff noch für sonstige Ambitionen, die das eigentliche Segeln lediglich als Mittel zu irgendeinem anderen Zweck betrachten. Kein Wunder also, daß der Jollensegler der Faszination des Regattasegelns am ehesten erliegt; zumal er häufig gerade da segelt oder segeln muß, wo Wanderfahrten ohnehin uninteressant sind: nämlich auf Binnenrevieren, die zum Teil nicht größer sind als ein Baggersee. Was anderes verleiht diesem Sport also mehr Abwechslung als der Wettkampf? Da sich gerade auf solchen kleinen Revieren oftmals eine erstaunliche Regattaaktivität entfaltet, scheint es nur eine Frage der Zeit zu sein, bis der Regattabazillus auch den bislang Unambitionierten erwischt. Verschont bleiben wohl allenfalls die engagierten Familiensegler.

Voraussetzungen

Die Frage, ob mit dem ins Auge gefaßten Bootstyp auf den vorgesehenen Revieren überhaupt Regatten gesegelt werden, sollte also bereits vor dem Bootskauf geklärt sein. Falls es dennoch zu spät ist und man feststellen muß, daß weit und breit keine Jollen gleichen Typs existieren, so ist immer noch nicht alles verloren. Es gibt da nämlich noch einige Möglichkeiten, auch

Als Neuling sollte man nicht gleich in einem Riesenfeld um Meisterehren segeln. Die Gefahr einer Kollision oder Kenterung ist hier sehr groß, da eine schwierige Situation die andere jagt.

113

mit verschiedenen Bootstypen gegeneinander Regatten zu fahren. Voraussetzung ist nur, daß wenigstens eine Handvoll regattabegeisterter Bootseigner und eine — wenigstens provisorische — Wettfahrtleitung aufgetrieben werden.

Die populärste Methode für solche Regatten ist hier der sogenannte Yardstick, das sind in England entwickelte Vergleichszahlen, die von der Zeitschrift DIE YACHT auch in Deutschland eingeführt wurden. Diese Yardstickzahlen sind durch jahrelanges Gegeneinandersegeln verschiedener Bootsklassen und gleichzeitiger Aufzeichnung der durchschnittlichen Leistungsfähigkeit jedes Bootstyps ermittelt worden. Ein Boot, dessen Geschwindigkeitspotential genau bekannt war, wurde damals als Basisboot genommen. Andere Klassen erhielten dann durch Vergleich mit diesem Ausgangsboot die ihnen entsprechenden Yardstickzahlen, die je nach Erprobung in drei verschiedene Gruppen eingeteilt werden, nämlich in die Endgültige Yardstickzahl, die Vorläufige Yardstickzahl und die Yardstick-Probezahl. Wie schnell eine solche Zahl in dieser Stufenleiter nach oben klettert, hängt ausschließlich von der Intensität und Dauer der Erprobung ab. Die dafür nötigen Unterlagen, die sogenannten Langstone-Ausgleichstafeln, können über den Verlag Delius, Klasing + Co in Bielefeld bezogen werden. Außerdem veröffentlicht DIE YACHT jedes Frühjahr die neueste Auswertung der Zahlen. Der Idealfall ist indessen ohne Zweifel eine Regatta innerhalb einer Klasse, denn Berichtigungsformeln wie die IOR (International Offshore Rules) für Hochseeregatten und noch stärker der Yardstick werden von so vielen Faktoren beeinflußt, daß sich damit niemals ein so exaktes Ergebnis wie bei richtigen Klassenregatten erzielen läßt. Deshalb darf man solche Regatten auch nicht zu tierisch ernst nehmen.

Worauf bei den mehr oder weniger improvisierten Regatten mit Yardstick-Ausgleich eventuell noch verzichtet werden kann, ist bei den als Normalfall geltenden Wettfahrten gleicher Bootstypen aber unentbehrlich: nämlich die zwar nicht unbedingt perfekte, aber doch gute technische Beherrschung der Jolle und die Grundkenntnis der Regattaregeln. Und wer die Möglichkeit hat, bei einem erfahrenen Regattasegler zunächst einige Zeit an der Vorschot zu fahren, sollte sich diese Gelegenheit nicht entgehen lassen. Es ist immer noch die beste Schule, die es gibt.

Vorbereitungen für eine Regatta

Vor der ersten Regatta gibt es natürlich eine ganze Menge zu beachten. Das beginnt bereits beim Bezahlen des Meldegeldes und dem rechtzeitigen Durchlesen des Programms. Neulinge tun gut daran, die Segelvorschriften mit allen Erklärungen und Flaggenerläuterungen sowie die Bahnskizze (soweit nötig) in einer wasserdichten Klarsichthülle an gut sichtbarer Stelle festzukleben. Das vermeidet Unklarheiten bei Signalen der Wettfahrtleitung. Einer bevorstehenden Regatta sollte auch immer eine solide Mahlzeit vorangehen, die kräftig, aber nicht zu schwer ist. Denn die körperliche und nervliche Belastung während einer Wettfahrt fordert ebenso ihre Kalorien wie der auftretende Wärmeverlust, jedenfalls bei hartem Wetter.

Daß die Jolle an Land sorgfältig aufgetakelt wird, versteht sich wohl von selbst.

Sämtliche Schäkel werden gut festgezogen, die Knoten überprüft und Bolzen und Splinte, die sich eventuell lockern können, mit Klebeband umwickelt. Bei unklarer Wetterlage oder stärkerem Wind wird sich die Mannschaft bereits vor dem Auslaufen regattamäßig anziehen, — und nicht erst auf dem Weg zum Start. Die Bekleidung soll warm, wasserdicht und körpergerecht sein, ohne die Bewegungsfreiheit einzuengen. Schwimmwesten werden bei stärkerem Wind bereits vor dem Auslaufen angezogen, während sie sonst zumindest in Griffnähe liegen sollten. Die Wahl des richtigen Segels bei undurchsichtiger Witterung war bislang auch oft ein Faktor, der über Sieg oder Niederlage entschied. Heute ist dessen Bedeutung aufgrund der besseren Tuchqualität nicht mehr so gravierend, so daß sich selbst Spitzenmannschaften während einer ganzen Saison oder noch länger mit einem einzigen Satz Segel begnügen, der dann eben für jedes Wetter entsprechend getrimmt wird.

Auf dem Weg zum Start hat sich die Mannschaft ganz dem Boot zu widmen, alle Details nochmals zu überprüfen und vor allen Dingen Ordnung an Bord zu schaffen. Denn wenn es dann hektisch wird oder man gar kentert, ist Unordnung der größte Feind an Bord. Läuft man vor dem Wind zum Start, also durch den Bereich der Startkreuz (die Regatta beginnt normalerweise immer mit einer Kreuz), so sollte man auch bereits entsprechende Windbeobachtungen anstellen, die man dann im taktischen Konzept berücksichtigen kann. Ein kurzes „Warmsegeln" vor dem Start ist auch recht empfehlenswert. Das sollte aber kontinuierlich geschehen, damit die Muskulatur langsam erwärmt wird. Ein Leichtathlet

läuft sich zum Beispiel eine halbe Stunde lang warm, ehe er Höchstleistungen vollbringt. Während des Einsegelns wird man auch alle Manöver einmal durchexerzieren, um auf diese Weise zu überprüfen, ob alles funktionsfähig ist. Gleichzeitig wird die Jolle in den richtigen Trimm gebracht. Das klappt am besten, wenn man mit einem befreundeten Klassenkonkurrenten, dessen Geschwindigkeit man kennt, einen kurzen Probeschlag nebenher segelt, — ohne sich dabei aber gegenseitig abzudecken.

Der Start

„Gut gestartet ist halb gewonnen", heißt das bekannte Sprichwort, und das trifft für eine Segelregatta ebenso zu. Also sollte man dem Start auch die ihm gebührende Beachtung schenken. Das beginnt damit, daß man die Bedeutung der einzelnen Flaggen und akustischen Signale genau kennt und sich über den Verlauf der imaginären Startlinie, die einerseits vom Peilmast oder Peildreieck auf dem Startschiff und am anderen Ende durch eine gekennzeichnete Boje begrenzt wird, im Klaren ist. Anschließend wird mit dem Finger an der Stoppuhr (es genügt notfalls auch eine normale Uhr mit Sekundenzeiger) der Zeitschuß abgewartet, der zehn Minuten vor dem ersten Start erfolgt, häufig aber auch mit dem Startschuß für eine vorherstartende Klasse zusammenfällt.

Anschließend werden die ersten taktischen Überlegungen angestellt, allerdings noch nicht bindend, denn Winddrehungen müssen auch noch in den letzten zehn Minuten einkalkuliert werden. Die erste Frage muß nun immer heißen: Wie und an welcher Stelle der Linie starte ich? Dabei ist nicht nur die Windrichtung, sondern auch die Lage der Luvtonne zur Startlinie entscheidend. Denn der optimale Startpunkt auf der Linie wandert, solange sich Windrichtung und Position der ersten Tonne auch nur geringfügig ändern. Es gibt da unzählige Varianten. In der Praxis spielen sie aber selten eine Rolle, es sei denn, die Luvtonne liegt extrem backbord oder steuerbord von der Startlinie. Übrig bleibt also im Wesentlichen die Windrichtung, nach der wir uns bei der Auswahl der günstigsten Startposition zu richten haben.

Als Faustregel gilt, daß dort gestartet werden soll, woher der Wind weht. Falls er drei oder mehr Grad von Backbord einfällt, so kann nur die Backbordseite der Linie der richtige Ort zum Starten sein. Fällt der Wind dagegen mehr von Steuerbord ein, so ist die Steuerbordseite begünstigt. Genaugenommen ist beinahe in jedem Fall der äußerste Punkt, also Backbord- oder Steuerbordbegrenzung der Startlinie, die ideale Position, denn nur in etwa fünf von 100 Wettfahrten steht der Wind genau im rechten Winkel auf die Startlinie. In diesem Fall wäre es dann egal, an welcher Stelle man startet. Daß es aber auch dann nicht egal ist, dafür sorgt neben Einflüssen wie Strömungen auf See das taktische Konzept für die Startkreuz, das meist eine bestimmte Seite der Bahn als günstiger erachtet.

Normalerweise steht der Wind aber ohnehin nicht genau senkrecht auf die Linie, so daß die Überlegung fast immer darauf hinausläuft, ob der Start auf dem augenblicklich günstigsten Punkt der Linie erfolgen soll, oder ob man auf diesen Vorteil lieber verzichtet und die Regatta auf dem für die Startkreuz günstigsten Punkt der Linie beginnt, wobei es durchaus sein kann, daß

Korsar G 1679 ist ein geradezu klassischer Leestart geglückt. Er ist mit viel Schwung über die Linie gesegelt, hat niemanden in Lee und liegt aber selber gegenüber seinen Konkurrenten in Luv in sicherer Leeposition.

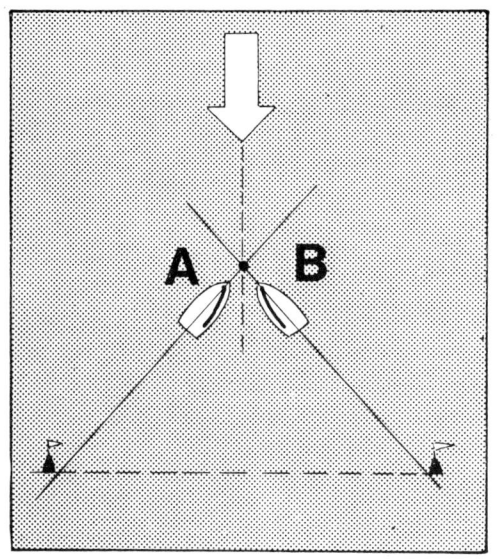 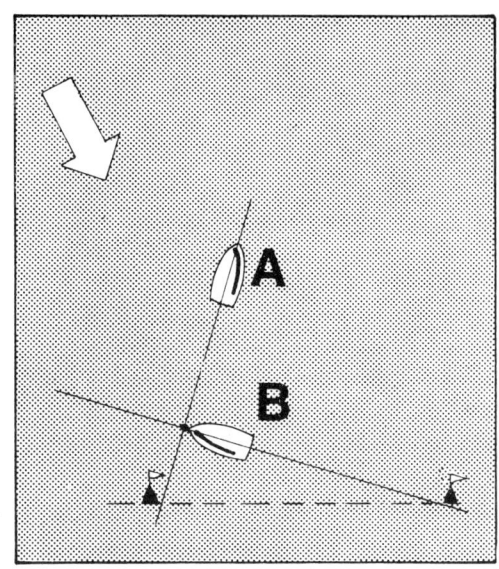

die optimale Startposition und die anschlie-
ßende beste Kreuzrichtung zusammenfal-
len. In diesem Fall ist die Entscheidung
klar. Wenn sie aber nicht übereinstimmen,
so sollte der Entschluß eher zugunsten der
besseren Startposition ausfallen. Nach dem
Start muß man dann aber so schnell wie
möglich auf die günstigste Kreuzseite.

Nachdem sich die Mannschaft nun soweit
im Klaren ist, wird der Vorbereitungsschuß
abgewartet, der fünf Minuten nach dem
Zeitschuß ertönt. Eventuelle Differenzen in
der Zeitnahme können jetzt noch korrigiert
werden. Mit Beginn der Vorbereitungszeit
erfolgt dann nicht nur die Bahnanzeige,
sondern die Wettfahrtregeln treten jetzt
auch in Kraft. Man wird sich nun voll auf die
gewählte Startposition konzentrieren, und
zwar um so eher, je leichter der Wind ist.
Denn nicht selten wird der Wind in der
Vorbereitungszeit flauer und man erreicht
nicht mehr die günstigste Startposition.
Natürlich kann sich dieser optimale Punkt

*Wenn der Wind wie auf dieser Zeichnung recht-
winklig zur Startlinie weht, ist es egal, an welcher Stelle der Linie man startet. Man sollte
seine Startposition dann an der anschließenden
besten Kreuzrichtung orientieren.*

bei einer eventuellen Winddrehung auch
noch kurz vor dem Start ändern, weshalb
man sich nicht zu stur darauf festlegen
sollte.

Und nun zum eigentlichen Start. Die wich-
tigste Regel lautet dabei: Mit möglichst viel
Schwung beim Startschuß über die Linie
gehen und anschließend möglichst frei und
unbehindert segeln. Um den nötigen
Schwung zu erhalten, muß man aber einige
Sekunden vor dem Start etwas abfallen
und Fahrt aufnehmen. Das bedeutet also,
daß man kurz vor dem Start einen ausrei-
chenden Abstand zu den in Lee liegenden
Booten haben muß. Dieser Sicherheitsab-
stand ist äußerst wichtig, denn nur er ge-
währleistet, daß man auch nach dem Start
voll fahren kann und nicht „Höhe knüppeln" muß, um von den Abwinden der in
Lee liegenden Boote freizukommen. Grundsätzlich sollte man darauf achten, daß auch
nach Luv etwas Raum ist, denn dann wird
man bei einem eventuell mißglückten Start

*Ansonsten sollte man — wenn nicht andere ge-
wichtige Gründe dagegen sprechen — dort starten, woher der Wind weht. A ist sonst schon
wenige Minuten nach dem Start weit vor B.*

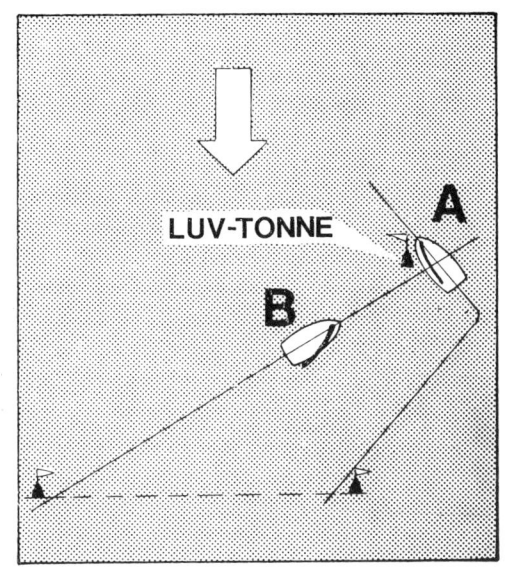

LUV-TONNE

A

B

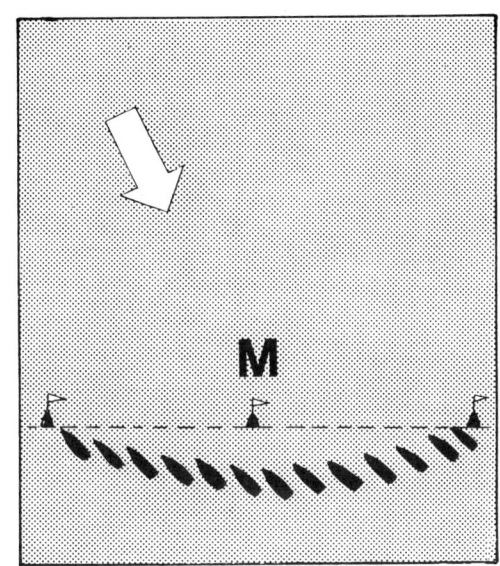

M

Auf der nächsten Zeichnung liegt die Luvtonne nicht genau senkrecht über der Mitte der Linie. B muß mit geschrickten Schoten die Tonne anlaufen. A kann kreuzen und ist deshalb vor ihm da. Die letzte Zeichnung zeigt, wie die mittleren Boote meist weit hinter der Linie liegen, wenn die Begrenzungstonnen weit voneinander entfernt sind. Eine Mitteltonne ist da eine gute Starthilfe. Auf dem unteren Foto wird ein solches Riesenfeld gestartet.

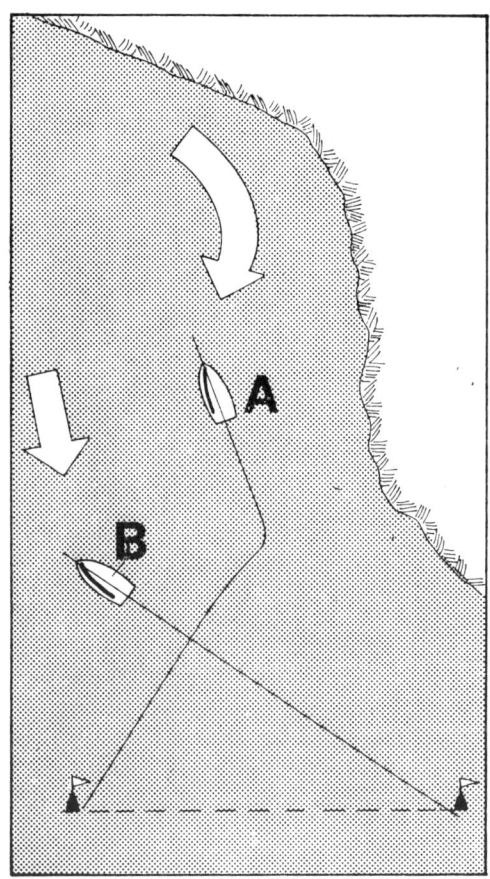

nicht hoffnungslos im Feld hängenbleiben, sondern kann über Stag gehen und versuchen, sich freizukreuzen. Wenn man nämlich gleich nach dem Start zu den wenigen gehört, die freien Wind haben, so hat man schon alle Trümpfe in der Hand.

Der Regattakurs

Auch nach dem Start gilt die Devise: möglichst frei und unbehindert von den Konkurrenten den Kurs so absegeln, wie man es für richtig hält. Das Bedürfnis nach freiem, ungestörtem Wind darf indessen nicht

Man sollte vor dem Start auch schon wissen, wo man anschließend kreuzen will. A hat hier die Windrichtung gut ausgenutzt und segelt in eine günstige Winddrehung unter Land. Nach der Wende ist A weit vor B.

Dieses Foto zeigt, wieviel man gewinnen kann, wenn die Wendemarken richtig genommen werden. Der 470er ganz rechts hat den größten Bogen um die Marke gemacht und damit auch am meisten Höhe verschenkt.

Bei Starts in kleinen Feldern kann man eher einmal etwas wagen, denn ein eventueller Fehler läßt sich hier leichter wieder ausbügeln.

Das untere Bild zeigt die ideale Verteidigungsposition. Korsar G 1527 liegt gegenüber G 1216 klar voraus und kann in dieser Situation alle Angriffe von G 1216 erfolgreich abwehren.

so weit führen, daß man sich durch extreme Schläge zu weit von seinen Konkurrenten entfernt (es sei denn, nach vorne). Das ist allenfalls dann ratsam, wenn man aussichtslos am Tampen hängt und die Position sich nur noch bessern kann. Ansonsten sollten die Schläge so gewählt werden, daß man zwar dort kreuzt, wo die besten Bedingungen zu erwarten sind, andererseits aber auch darauf achtet, daß man bei einer eventuellen, ungünstigen Winddrehung möglichst wenig Plätze verliert. Es hat auch wenig Sinn, sich mit den umliegenden Konkurrenten herumzuschlagen und das übrige Feld dabei aus den Augen zu verlieren. Ein guter Segler zeichnet sich gerade dadurch aus, daß er immer die Übersicht behält. Der optimale Kurs, wie ihn einerseits die Windverhältnisse, andererseits die Beachtung der Konkurrenz erfordern, bedingt fast immer gewisse Kompromisse.

Drei Arten von Regattakursen sind heute üblich: Da ist zunächst der olympische Kurs, der aus drei Wendemarken besteht, die erst kurz vor dem Start ausgelegt werden. Das bietet die Möglichkeit, eventuelle Winddrehungen durch Verlegen der jeweiligen Tonne während der Wettfahrt zu korrigieren. Der olympische Kurs wird in der Regel links herum gesegelt und besteht aus zwei Dreiecken und einem Linearkurs. Der Kieler-Woche-Kurs zeichnet sich durch sieben kreisförmig angeordnete Tonnen aus, wobei die Startlinie immer in der Kreismitte liegt. Die Wettfahrtleitung hat auf diese Weise die Möglichkeit, eine exakt gegen den Wind gerichtete Startkreuz auszulegen. Der Kieler-Woche-Kurs besteht in seiner vollen Länge aus zwei Dreiecken und einem Linearkurs, die je nach Bahnanzeige links oder rechts herum gesegelt werden.

Dann gibt es noch die sogenannten Spezialkurse, die immer dann ausgelegt werden, wenn sich durch die Form des Reviers kein gleichschenkliges Dreieck durch Tonnen markieren läßt. Beispielsweise ist es auf vielen langgestreckten Alpenseen völlig unmöglich, einen Tonnenkreis auszulegen. Trotzdem versucht man natürlich auch hier, die Wendemarken so zu setzen, daß Kreuzstrecken, Halbwindkurse und Vormwindkurse noch gut aufgeteilt in der Bahn enthalten sind.

Wie mache ich mich fit?

Dem Jollensegler nützt sein ganzes technisches Können nichts, wenn es an der Voraussetzung fehlt, es einzusetzen: nämlich der nötigen körperlichen Fitneß. Die wird leider nur allzuoft unterschätzt. Dabei dürfte klar sein, daß eine Jollencrew ohne die entsprechende Kondition bei mehr als 3 Windstärken nicht mehr in der Lage ist, aus ihrem Boot maximale Geschwindigkeit herauszuholen, und zwar alleine schon deshalb, weil sich dadurch das Reaktionsvermögen verschlechtert und die Konzentrationsfähigkeit nachläßt. Natürlich ist die Mannschaft auch nicht mehr in der Lage, die Jolle wirkungsvoll auszureiten. Ein sinnvolles, auf den Jollensegler zugeschnittenes Trainingsprogramm ist deshalb für den, der es mit seinem Sport ernst meint, nicht zu umgehende Voraussetzung, — es sei denn, er tut bereits aus irgendeinem anderen Grunde genug für seine Kondition.

Da ein Jollensegler aber — verglichen mit Sportlern anderer Disziplinen — recht unterschiedlichen Belastungen ausgesetzt ist, dürfte es in jedem Falle nützlich sein, zu wissen, worauf es beim Körpertraining in erster Linie ankommt. So muß sich der Segler bei flauen Winden langsam und geschmeidig bewegen können, um die Trimmlage des Bootes nicht zu beeinträchtigen. Außerdem braucht er bei diesem Wetter die Fähigkeit, sich lange und ruhig an einem Fleck aufzuhalten, — ohne daß darunter die Konzentrationsfähigkeit leidet. Bei stärkerem Wind geht es darum, möglichst lange und ausdauernd außenbords zu hängen und dabei viel haltende Kraft zu entwickeln. Im Manöver muß sich der Segler wiederum schnell und sicher bewegen können.

Es kommt also ebenso darauf an, lange Anstrengungen auszuhalten, wie auch eine gewisse Schnellkraft zu entwickeln. Jeglicher Krafteinsatz muß möglichst gefühlvoll erfolgen und beide Segler, besonders der Trapezmann, brauchen ein ausgepräg-

„Trapezstand" und „Jollensitz", die für die Jollencrew üblichen Haltungen, setzen die Segler einer Reihe schwerer Belastungen aus.

125

tes Gespür für Balance. Die typischen Haltungen beim Segeln sind der „Jollensitz" des Steuermannes (und auch des Vorschotmannes bei Booten ohne Trapez) und der „Trapezstand" des Vorschotmannes. Belastet werden vor allem die Beine, die Bauchmuskulatur, die Arme und der Rükken.

Es gibt zahllose Trainingsprogramme, die aber fast alle nur in Turnhallen durchgeführt werden können und eines Trainingsleiters bedürfen. Auch ein ganz allgemeines Konditionstraining wie etwa Skigymnastik ist unbeding vorteilhaft. Der Segler hat aber auch zuhause die Möglichkeit, ein kleines Trainingsprogramm zu absolvieren, und zwar nicht nur in der segellosen Zeit. Auch im Sommer kann man zusätzlich zum Segeln etwas für die Verbesserung der Kondition tun, auch wenn es nur ein reduziertes Trainingsprogramm ist.

Trainiert wird am besten zwei- bis viermal pro Woche, — oder auch jeden Tag, dafür aber kürzer und nur ein- bis zweimal in der Woche schärfer und länger. Ein Trainingsablauf sollte etwa 15 bis 60 Minuten dauern, und zwar bei geöffnetem Fenster, um genügend Sauerstoff in die Lungen zu bekommen. Das Training wird durch eine Lockerungsgymnastik eingeleitet, wodurch sich die Muskeln erwärmen und Sehnen und Bänder gedehnt werden. Als Ergänzung für einen Trainingsdurchgang sollte man unbedingt auch einen Waldlauf machen. Im Einzelnen kann ein solches Trainingsprogramm so aussehen:

a) *Lockerungsgymnastik* (5 bis 10 Minuten)
Armkreisen (vorwärts und rückwärts)
Hüftkreisen
Beckenschaukel
Weites Rumpfkreisen
Ellenbogenkreisen

Modernes Jollensegeln ist mittlerweile echter Hochleistungssport, und wer sich nicht die nötigen konditionellen und physischen Voraussetzungen dafür schafft, wird sein Boot auch nicht richtig beherrschen können.

Leichtes Hüpfen auf der Stelle
Leichtes Traben auf der Stelle
Arme nach oben reißen und strecken
Bei durchgedrückten Beinen mit den Händen auf den Boden wippen

b) *Eigentliches Training*
(Gesamtdauer: 15 bis 50 Minuten)
1. Übung:
5 bis 15 Strecksprünge
5 bis 15 Klappmesser
5 bis 15 Liegestütze
2. Übung:
1 bis 5 Minuten an die Wand stellen
10 bis 30 mal Rudern
5 bis 15 Liegestütze
3. Übung:
15 bis 40 Kniebeugen
5 bis 10 mal Rumpfbeugen (Füße unter einen Schrank klemmen, Hände hinter dem Kopf verschränkt)
3 bis 10 Klimmzüge unter einer Tischkante oder an einer Treppe

4. Übung:
10 bis 20 mal Becken rollen
5 bis 10 mal Gewichtsverlagerung von einem Bein auf das andere in halber Hocke
5 bis 10 mal Beine gestreckt hochbringen
5. Übung:
3 bis 5 mal auf dem Bauch liegend einen Stuhl hochheben
10 bis 30 mal auf einen Stuhl steigen
3 bis 10 Klimmzüge an einer Tischkante
Nach jeder dieser Übungen kann eine Pause von 15 bis 30 Sekunden eingelegt werden, die sich bei zunehmender Kondition verkürzt. Die Übungsteile können beliebig oft wiederholt werden, und zwar insbesondere diejenigen, bei denen noch Schwächen bestehen. Verfügt jemand beispielsweise nur über geringe Armkraft, so werden die Armübungen öfter wiederholt. Wichtig ist, daß sämtliche Übungen schnell und exakt ausgeführt werden, denn nur dann erfüllen sie auch ihren Zweck.

128